XX国际机场

基于模糊一致偏好关系法 和数据包络法 整合模型的机场效率性研究

吕雯 著

DEA Window analysis for
Chinese airport efficiency using weighted
variables adopting CFPR

中国财经出版传媒集团
经济科学出版社
Economic Science Press

图书在版编目（CIP）数据

基于模糊一致偏好关系法和数据包络法整合模型的机场
效率性研究/吕雯著．—北京：经济科学出版社，2022.10
ISBN 978 - 7 - 5218 - 4164 - 0

Ⅰ．①基… Ⅱ．①吕… Ⅲ．①机场管理 - 研究 - 中国
Ⅳ．①F562.1

中国版本图书馆 CIP 数据核字（2022）第 198347 号

责任编辑：杨　洋　卢玥丞
责任校对：王苗苗
责任印制：范　艳

基于模糊一致偏好关系法和数据包络法整合模型的机场效率性研究
吕　雯　著
经济科学出版社出版、发行　新华书店经销
社址：北京市海淀区阜成路甲 28 号　邮编：100142
总编部电话：010 - 88191217　发行部电话：010 - 88191522
网址：www. esp. com. cn
电子邮箱：esp@ esp. com. cn
天猫网店：经济科学出版社旗舰店
网址：http://jjkxcbs. tmall. com
北京季蜂印刷有限公司印装
710×1000　16 开　7.75 印张　110000 字
2022 年 11 月第 1 版　2022 年 11 月第 1 次印刷
ISBN 978 - 7 - 5218 - 4164 - 0　定价：30.00 元
（图书出现印装问题，本社负责调换。电话：010 - 88191545）
（版权所有　侵权必究　打击盗版　举报热线：010 - 88191661
QQ：2242791300　营销中心电话：010 - 88191537
电子邮箱：dbts@ esp. com. cn）

前　言

　　机场作为航空运输系统的一个重要节点，在客货运输中扮演着非常重要的角色，并且能带动所处城市经济的快速发展。机场高效的运营模式是各利益共同体一致关注的问题。同时，由于经济的快速增长，中国对航空服务的需求在过去几十年中显著增加，而航空运输需求的快速增长给中国机场带来了巨大的压力。因此，研究各机场效率对航空运输业、城市经济及区域经济具有重要意义。为此需要分析和总结影响机场效率性的相关影响因子及各因子影响权重，从而合理地界定各机场运行效率并提出相应的改进措施。

　　本书首先对现有针对机场运行效率的相关文献进行了梳理和总结，为选取和建立评价指标体系提供了理论依据。并在此基础上首先引入多专家多准则决策技术（MCDM）——模糊一致偏好法（CFPR），将专家意见转化为统计数据，实现定量分析与定性分析相结合，最终确立了评价指标体系。其中包括六个输入变量和三个输出变量，且结果表明：航线数量（C_6）是输入中最重要的因素；而乘客总数（C_8）在输出变量中排名最高。其次加入 AR 模型进一步提升指标赋权的合理性及准确性，以避免平价因子被高估、影响因素过度敏感及信息丢失的负面影响。最后基于 Window-DEA 模型（数据包络分析法），选取中国（不包括港澳台地区）主要机场五年的数据为样本，深入研究各个机场在时变数据下的动态效率。

因此，本书最终建立起一个集成的 CFPR/DEA-Window-AR 模型来分析探讨各样本机场的运营情况、效率差异及影响因素，能够做到全面评价机场运行效率，以探讨我国机场运行中存在的规律，为机场的相关研究提供新的思路。同时，本书使用 Window-DEA 模型及 CFPR/DEA-Window-AR 模型进行整合，分别对机场效率性进行分析，结果表明，整合模型的研究结论更可靠。因此，本书认为模糊 MCDM 分析法和 DEA 模型的集成被证明是开发可靠分析的更优选择，建议在机场效率性的研究中加入 MCDM 分析法，有助于提高结果的可靠性及准确性。

此外，本书还分析了机场在所有制、商业化和本地化方面的效率，这些因素被认为是影响机场绩效的关键因素。结果表明，国际枢纽机场和上市机场的效率水平更高。

目录
CONTENTS

第 *1* 章 <<

绪 论

>>

研究背景及意义

研究方法及创新点

研究思路及结构

>>

1.1

研究背景及意义

我国航空运输业近几年来飞速发展，机场作为民航运输产业链的重要一环，其运营效率对航司、旅客、机场自身的建设和发展、民航运输网络的构建、甚至对整个航空运输业都至关重要。城市的发展与机场的建设是相辅相成、相得益彰的。城市的发展促进了交通运输网络的发展，交通运输的发展则完善了供应链的构建，加速供应链中人流、物流、资金流和信息流的流通，从而进一步促进机场所属城市经济的快速增长。近年来，机场管理评价受到越来越多研究者的关注。机场效率的分析已经成为航空工业的一项常见活动（Graham，2003）。这是因为分析机场效率的主要目的是改善运营管理（刘万明，2018）。机场高效的运营模式是各利益共同体一致关注的问题，其结果可以为政策制定者、学者和实践者提供启示（Lai et al.，2015）。因此，政府能够提供最大限度的资源来支持机场建设，航空公司在选择更高效的机场时也能做出明智的决定（Carlucci，Cira and Coccorese，2018）。

进入 21 世纪以来，中国经济快速发展。国民收入持续增长，促进了航空运输需求的急剧增长（Zhang，Zhang，Zhu and Wang，2017）。相反，据国际机场委员会（ACI）欧洲分会分析，欧洲成熟机场的飞机起降增长几乎停滞（巴黎机场 2010 年以来增长 0，法兰克福机场增长 0.1%），旅客吞吐量也处于低位数增长的稳定状态（巴黎机场 2.6%，法兰克福机场 2.2%）；但中国航空需求受益于整体经济增长和居民消费水平的提升，仍保持着两位数增长（Zhang, Zhang, Zhu and Wang, 2017）。2020 年旅客吞吐量将达到 7.2 亿人次，复合增长率为 10.4%[①]。需求强劲使得国内核心枢纽处于供给导向的增长阶段。

我国学者一直致力于评估国内外机场的性能和民用机场的建设效率。同时，中央和地方政府不断加大对民用机场建设的投入，逐步拓宽机场建设的融资渠道，因此，我国机场的数量不断增加，且规模也呈现出逐渐扩大的趋势。预计到 2025 年，我国民用运输机场数量将达到 270 座以上，保障起降架次 1700 万架次，运输总周转量达到 1750 亿吨公里，旅客运输量 9.3 亿人次，货邮运输量 950 万吨[②]。此外，一些城市已经制定了建设第二个民用机场的首要议程，包括北京、广州、成都、厦门、青岛、大连、三亚和乌鲁木齐（Zhang, Zhang, Zhu and Wang, 2017），截至目前，其中部分城市新机场计划已圆满完成，如北京的大兴机场已于 2019 年 9 月开放运营。北京在东北部已经有了一个巨大的首都机场。大兴新机场位于北京的南部，每年预估将接待超过 1 亿人次的旅客（李根，2019）；而青岛胶东国际机场也于 2021 年 8 月正式通航，该机场 9 月的旅

---

① 2020 年民航机构生产统计公报 ［R］. 民航局网站，2021 – 04 – 14.
② 2022 年 1 月，中国民用航空局、国家发改委、交通运输部联合印发《"十四五"民用航空发展规划》，明确了我国民航的发展目标。

客吞吐量、货运吞吐量及飞机起降架次均列华东地区前五名（宋萍萍，周航，陈凤琴，2022）；成都天府国际机场于同年6月正式运营（孔梅，2021）。根据中国民航总局的数据显示，近年来我国旅客吞吐量在1000万人次以上的机场数量节节攀升。但受到新冠疫情的影响，2019年之后，我国机场的旅客吞吐量总数显著下降。因此为排除新冠疫情的负面影响，本书在数据的选取上仅截至2018年。

民航业蓬勃的发展业态自然吸引到外界的诸多关注。而机场作为民航运输体系的一个重要节点，在航空客货运输中扮演着非常重要的角色，且能带动所处城市经济的快速发展。机场群的概念随之脱颖而出，机场群的发展更是能促进腹地区域经济的高速发展，是一种高端的新兴区域经济发展模式（谭淑霞和逯宇铎，2013）。机场群的建设被纳入国家"十三五"规划，大力推动京津冀机场群、长三角机场群、成渝机场群及粤港澳大湾区机场群的建设，辐射带动区域经济。机场群的发展与城市群的发展相辅相成（乔晓莹和贺瑞瑞，2021），也是区域经济建设发展的中坚力量（景崇毅等，2022）。机场高效的运营模式是各利益共同体一致关注的问题。因此，研究各机场效率对航空运输业、城市经济及区域经济都具有重要意义。

1.2

研究方法及创新点

从各研究所采用的研究方法来看，大多数学者选择数据包络分析（DEA）。DEA 模型自吉伦和拉尔（Gillen and Lall，1977）首次提出以来，已成为最受欢迎的评估机场效率的技术。DEA 是一种非参数的数学规划方法，它根据多个输入和输出变量来评估一组决策单元（DMU）的效率水平（Barak and Dahooei，2018；Rosic，Pesic，Kukic，Antic and Bozovic，2017）。本书也采用数据包络分析方法对我国 27 个样本机场的效率绩效进行分析。而本书 DEA 模型中输入和输出变量的选取则借助于多专家多准则决策方法——CFPR 模型来确定：首先，从现有的文献中总结出影响机场效率性的输入和输出因素完成影响因子初选；其次，通过向权威专家发放问卷收集指导意见，进而构建合理且全面的评价指标体系。

在本书中，我国不同机场的效率水平并不是基于某一年的数据来衡量，而是对 2014～2018 年的周期性效率表现进行了动态评价（如上文所述，因为新冠疫情的影响，本书选取数据至新冠疫情暴发前一年）。这样一来，分析结果可以考虑到不同时期的时变效率。因此，本书选用了 Window-DEA 模型，因其适合用于探索五年内的动态效率。Window-DEA 模型是查恩斯和库珀（Charnes and Cooper，1985）首先提出的，它是对典型 DEA 模型的一种改进，目的是研究移动平均数据和时间变化的数据。采用 Window-DEA 模型可以通过一系列重叠窗口对我国不同机场在不同年份时期进行效率评价（Wang，Yu and Zhang，2013）。

在 DEA 模型的计算过程中，不同的变量会被默认以随机权重分布（Lai et al.，2015；Yu and Lee，2013）；然而在现实中，不同的评价因子往往表现出不同的偏好权重。若每个评价因素的权重分配不合理，可能会导致研究结果偏离实际，丧失了研究意义。为解决这一问题，一种解决方案是采用不同方法的集成，通过组合平价，不同模型之间扬长避短。例如，在进行 DEA 模型分析之前，应用多标准决策（MCDM）方法建立起一个定性研究和定量研究相结合的评价模型，为各指标赋予权重。模糊一致偏好关系（CFPR）是众多 MCDM 分析法中的一种较合适的技术，因其与其他 MCDM 分析法相比，CFPR 模型具有缩短计算过程、保持一致性和有效性、避免模糊性，以及由于减少问卷问题而有效提高回复率等优点。MCDM 分析法和 DEA 模型的整合已经在之前的一些研究中得到了应用，如航空安全评估（Barak and Dahooei，2018）、能源效率分析（Han，Geng，Zhu and Qu，2015），工业部门的效率评估（Han，Long，Geng and Zhang，2018）、航空公司的财务和运营业绩（Pineda，Liou，Hsu and Chuang，2018）、道路安全（Rosic，Pesic，Kukic，Antic and Bozovic，2017）、矿业运输（Gupta，Mehlawat，Aggarwal and Charles，2018），以及航空公司效率（Barros and Wanke，2015）。这些联合方法也已被应用于机场效率的评估。然而，目前广泛使用的 MCDM 分析法主要是 AHP 分析法和 TOPSIS 分析法，而 CFPR 模型很少被与 DEA 模型结合使用。本书使用 CFPR 模型为研究效率性的整合模型提供了一种新的思路。

虽然采用 DEA 模型和 CFPR 模型相结合有很多优点，但也有不足之处，包括权重被高估、比较过于敏感及信息丢失的风险（Wang et al. , 2008a）。因此，为了避免研究结果出现偏差，本书将数据包络分析 - 保证域方法（DEA Assurance Region，DEA-AR）也纳入方法整合中，以提高辨别能力（Lai et al. , 2015）。DEA-AR 的功能是通过定义特定因素的权重约束来设置区域内的权重（Kong and Fu，2012），从而使评价结果更加科学合理。

本书的研究方法采用的是 MCDM 分析法和改进的 DEA 模型整合出的一个综合分析法，即 CFPR/DEA-Window-AR 模型，旨在通过组合评价方法消除由于单一评价体系自身缺点所造成的结果偏差，得到更为准确、更为合理的研究结果。如前文所述，CFPR 模型的应用可以解决现实中各影响指标权重不等的问题，避免因简单的默认所有指标拥有统一权重而造成结果误差；Window-DEA 模型可以分析一个阶段内的时变数据，从动态的角度检验效率值，与单一数据分析结果相比更具研究价值；而 DEA-AR 的加入为影响因素的权重设置了约束区域，最大限度地保证结果的有效性和合理性。

1.3

研究思路及结构

本书旨在通过考虑各评价变量在一段时间内（2014～2018年）的偏好权重，对我国 27 座样本机场的效率表现进行分析。

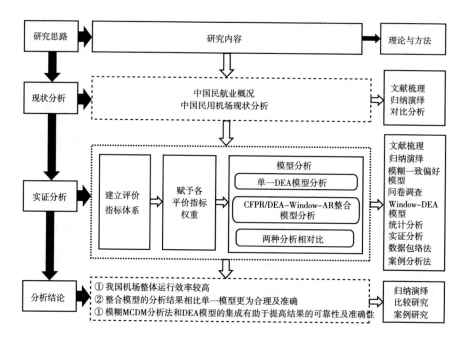

图 1-1　研究思路

通过整合 MCDM 分析法、Window-DEA 模型和保证域方法（Assurance Region，AR），为中国机场效率分析提供了一个较为合理的视角。本书的其余部分结构如下：第 2 章概述了以往使用的 DEA 模型、MCDM 分析法的文献研究，包括衍生的 DEA 模型，如 Window-DEA 模型和 DEA-AR 模型，以及这些方法的整合使用情况；第 3 章详细阐述了本书中采用的研究方法；第 4 章讨论了中国航空业的现状；第 5 章根据应用的方法对中国 27 座机场进行了实证分析；第 6 章提供了本书的讨论和结论，包括目前研究的局限性及未来的研究可能。

第2章 <<

文献综述

>>

2.1

机场效率内涵界定

近年来，越来越多的研究人员开始关注机场效率问题。很多学者对效率的内涵进行了界定。对效率（efficiency）一词的基本定义不同学者也给出了不同的解释。马丁和罗曼（Martin and Roman，2006）从经济学角度定义了效率，他们认为效率是经济效率的简称，是投入与产出占比的多少；而这个比率反映的是一个公司或者一个行业的经营状况。而本书认为，效率可以被定义为在一定时间内完成一定的工作量，用时越短、所完成的工作量越大，即效率越高。对于一次飞行来讲，效率指的是从航班起飞到降落所包含的运营效益和经济效益。谢泗薪和侯蒙（2015）将机场效率定义为：相对于竞争对手而言，同类别机场在市场环境和管理模式下是否具有更高的运营效率。于剑等（2011）对机场运营效率进行了定义，他们认为：机场运营效率主要是指机场运营的综合能力，是在一定航空运输市场环境和机场管理模式下，机场的运营水平相对于其他国家或地区的同类机场，能够更有效地向客户提供公共安全和服务的综合素质，表现为比竞争对手（或自身过去状况）更高的生产效率、更高的管理水平和更多的收益，在获得自身发展的同时又能对机场所处地区国民经济及社会发展起到积极作用的能力。而谭淑霞和逯宇铎（2013）将机场效应和机场效率进行了区分，机场效应指的是临空经济对所处区域经济的拉动效应；而机场效率指的是机场设施的利用率，且不局限于机场自身的运营效率，机场效率同时可以用来衡量地区经济的发展程度。乔晓莹和贺瑞瑞（2021）认为机场效率应该分为两个评估模块，包括"时间效率"（如航班延误）和"飞行效率"。另外，还有学者将机场效率分为几大模块分别进行评估，包括管理效率、财务效率和生产效率等（刘万明，2018）。

2.2

使用 DEA 模型分析国外机场效率

自从吉伦和拉尔（Gillen and Lall，1997）首次提出 DEA 模型以来，机场效率的分析已经成为航空业的一项常见的活动（Graham，2003）。在这些研究中，前沿分析方法被广泛应用于评估多样化领域的效率问题。许多研究人员在机场效率分析中使用了前沿分析方法，包括随机前沿分析（stochastic frontier analysis）（Fernandes，Millan and Median，2018；Gallego and Mantecon，2019）、贝叶斯前沿模型（bayesian frontier model）（Assaf，Gillen and Barros，2012；Assaf，2010），以及全要素生产率方法（total factor productivity method）（See and Li，2015）。在这些方法中，数据包络分析（DEA）是一种用于评估效率水平的非参数前沿技术，已被广泛应用于不同的行业，包括铁路（Marchetti and Wanke，2019；Jitsuzumi and Nakamura，2010；Sameni et al.，2016；Song et al.，2016）、海港（Odeck and Brathen，2012；Guner，2015；Wanke and Barros，2015；Wanke，2013）和公路行业（Lopez and Cacheda，2018；Ganji，Rassafi and Xu，2019；Fancello，Uccheddu and Fadda，2014）。对整体效率的 DEA 衡量是基于几个决策单元（DMU）的多个输入和输出变量的基础上得出的（Carlucci，Cira and Coccorese，2018；Wu，Yin，Sun，Chu and Liang，2016；Wang，Yu and Zhang，2011；Han，Geng，Zhu and Qu，2015；Wang，Yu，Zhang，2011）。

此前已有采用 DEA 模型来分析机场效率的研究文献，包括斯托尔托（Storto，2018）进行的一项研究，该研究衡量了 45 座意大利机场在不同形式的机场运营公司所有权下的效率差异。同年，卡鲁奇等（Carlucci et al.，2018）采用以产出为导向（output oriented）的 DEA 模型，分析了意大利 34 座机场 2006～2016 年的财务、运营业绩和效率。此外，万科等（Wanke et al.，2016）利用模糊 DEA 模型来捕捉输入和输出变量的模糊性和不确定性，以分析尼日利亚机场的生产效率。徐克等（Tsui et al.，2014）采用 SMB-DEA 模型对新西兰机场的效率进行了评估，结果表明，在 2010～2012 年间，新西兰机场的效率和生产力有所提高。乌尔库（Ulku，2015）通过实施以输入为导向（input oriented）的 DEA 模型，比较了 2009～2011 年西班牙 41 座机场和土耳其 32 座机场的机场效率水平，结果表明，西班牙机场的平均效率水平高于土耳其机场。常等

（Chang et al. ，2014）在 2010 年通过提出 SBM-DEA 模型调查了 27 家国际航空公司的经济和环境效率，结果表明，亚洲的航空公司与欧洲和美国的航空公司相比，效率更高。

<h2 style="text-align:center">2. 3</h2>

使用 DEA 模型分析国内机场效率

　　除了运用 DEA 相关方法对国外机场进行的效率性研究之外，同时还有关于中国机场效率性的研究。张等（Zhang et al. ，2012）提出了一个以产出为导向的 DEA-BCC 模型来衡量中国 37 座机场的技术效率。固定输入变量为"可用起飞距离""可用降落距离"和"停机位"，输出变量为"飞机起降"，结果表明，我国各机场的机场空侧效率存在显著差异。常等（Chang et al. ，2013）运用双引导 DEA 模型（double bootstrap DEA）检验了 2008 年中国 41 座机场的技术效率，该研究采用了三个输入和三个输出变量，包括"营业时间""跑道长度""航站楼面积""飞机起降量""旅客人数"和"邮件/货物吞吐量"，研究结果表明，位于大城市的机场比位于中小城市的机场效率更高；同时，服务于 30 多条国际航线的机场效率更高。此外，凡等（Fan et al. ，2014）利用方向距离函数（directional distance function）和 DEA 模型对 2006 ～ 2009 年中国 20 座主要机场的效率进行了评估，并将航班延误作为不良输出（undesirable output），结果表明，在此期间这些机场的平均效率有所提高。效率较高的枢纽港反映出它们在产生理想产出（desirable output）和管理航班延误方面表现出色。余（Yu，2010）采用SBM-NDEA基于松弛测度的网络数据包络分析模型（slacks-based measure network data envelopment analysis）对15座机场的运营效率和绩效进行了评估。张劲枫（2020）使用DEA模型对我国西部地区12座主要机场的运行效率进行了分析，最终选取的平价指标侧重于机场运营业务和生产资料，包括三个输入性变量：平行滑行道条数、跑道最大长度、航站楼面积，以及三个输出型指标：年旅客吞吐量、年货邮吞吐量、年飞机起降架次。乔晓莹和贺瑞瑞（2021）运用组合熵权轶和比法对京津冀机场群、长三角机场群、粤港澳大湾区机场群、成渝机场群进行效率评价，并发现了四大机场群的发展规律，为机场群的相关研究提供参考。该效率指标包括起降架次、额外进场时间、滑出时间、放行准点率及起飞延误时长。谢泗薪和侯蒙（2015）选取2013年客运量前15名机场作为研究对象，选取停机位个数、开辟通航点数、跑道总长度及航站楼面积为输入变量，旅客吞吐量、货邮吞吐量和飞机起降架次为输出变量来分析各机场企业的技术效率、规模效率及规模报酬。马骏伟（2017）使用DEA模型中的CCR模型和BCC模型，对我国112座枢纽机场的运行效率进行评估。本书选取了三个投入指标，包括航站楼面积、停机位数量、货站面积；以及三个产出指标，包括旅客吞吐量、货邮吞吐量和飞机起落架次。任新惠和孙启玲（2011）采用DEA模型对9座长三角机场和

5 座珠三角机场进行效率性分析，投入指标为候机楼面积、跑道长度、停机位数量，而产出指标为旅客吞吐量、货邮吞吐量及起降架次。王俊丹、曾小舟和冯琳（2017）使用 DEA 模型中的 BCC 模型和 Malmquist 指数，选取我国 2015 年 26 座旅客吞吐量在 1000 万人次以上机场为研究对象，选取机场跑道条数、航站楼面积、货运库面积和停机位数量作为输入变量；旅客吞吐量、货邮吞吐量及起降架次作为输入变量。范换利和刘丹（2022）选取 2015～2020 年数据，对我国旅客吞吐量达到千万级的 22 座机场进行新冠疫情影响下的效率性评估，选取航站楼面积、停机坪面积、跑道长度和停机位数量为投入指标；飞机起降架次、旅客吞吐量和货邮吞吐量为产出指标。

表 2-1 总结了现有研究所选取的输入和输出变量。

表 2-1　　　　　　机场绩效测量的文献综述

作者及发表年份	研究对象	输入变量	输出变量
帕托米西里，哈加尼，德雷斯纳，温德尔，2007	56 座美国机场	停机坪 跑道数量 跑道面积	总旅客吞吐量 总货物吞吐量 非延误航班数量
巴罗斯，2008	32 座阿根廷机场	员工数量 跑道数量 机场坡道 航站楼面积	飞机起降架次 总旅客吞吐量 总货物吞吐量
于，2010	15 座台湾机场	员工数量 跑道数量 停机坪面积 航站楼面积	飞机起降架次 总旅客吞吐量 总货物吞吐量

续表

作者及发表年份	研究对象	输入变量	输出变量
洛扎纳和古铁雷斯，2011	39 座西班牙机场	跑道数量 停机坪容量 行李传送带数量 值机柜台数量 登机口数量	飞机起降架次 总旅客吞吐量 总货物吞吐量
洛萨诺、古铁雷斯、莫雷诺，2012	39 座西班牙机场	跑道总面积 停机坪容量 登机口数量 行李传送带数量 值机柜台数量	总旅客吞吐量 总货物吞吐量
万科，2012a	65 座巴西主要机场	航站楼面积 停机坪面积 跑道数量	总旅客吞吐量 总货物吞吐量
库里、吉托、曼库索，2010	36 座意大利机场	人工成本 投入成本 运营成本	总货物吞吐量 飞机起降架次 总旅客吞吐量 航空销售额 商业销售额
万科，2012 b	63 座巴西主要机场	机场面积 停机坪面积 跑道数量 跑道总长度 飞机停机位 航站楼面积	飞机起降架次 总旅客吞吐量 总货物吞吐量
赖、波特、贝农、贝雷斯福德，2015	24 座国际机场	员工人数 登机口数量 跑道数量 航站楼面积 跑道长度 运营成本	飞机起降架次 总旅客吞吐量 总货物吞吐量 总收益

续表

作者及发表年份	研究对象	输入变量	输出变量
万克、巴罗斯，恩沃格贝，2016	尼日利亚机场	航站楼容量（可容纳旅客人数） 跑道面积 员工人数 停机坪面积	飞机起降架次 总旅客吞吐量 总货邮吞吐量
斯托托，2018	45 座意大利机场	航站楼面积 停机坪面积 跑道总长度 员工人数 人工成本 运营软成本	航空收入 非航空收入
于等，2008	4 座中国台湾机场	总旅客吞吐量 飞机起降架次 人工成本 资本存量 运营成本	机场收益
采克利斯，2007	39 座希腊机场	跑道数量 航站楼面积 停机坪面积 运营时间	飞机起降架次 总旅客吞吐量 总货物吞吐量
阿萨夫，2007	27 座英国机场	FTE 数量 机场面积 跑道数量	飞机起降架次 总旅客吞吐量 总货物吞吐量
志乐和臧，2009	25 座中国机场	跑道数量 航站楼面积	飞机起降架次 总旅客吞吐量 总货邮吞吐量
林和洪，2006	20 座多国机场	员工数量 跑道数量 停机位数量 行李传送带数量 停机坪面积	飞机起降架次 总旅客吞吐量

续表

作者及发表年份	研究对象	输入变量	输出变量
张劲枫，2020	12 座中国西部机场	平行滑行道条数 跑道最大长度 航站楼面积	年旅客吞吐量 年货邮吞吐量 年飞机起降架次
乔晓莹和贺瑞瑞，2021	中国四大机场群	起降架次 额外进场时间 滑出时间 放行准点率 起飞延误时长	
谢泗薪和侯蒙，2015	15 座中国机场	停机位个数 开辟通航点数 跑道总长度 航站楼面积	旅客吞吐量 货邮吞吐量 起降架次
马骏伟，2017	11 座中国枢纽机场	航站楼面积 停机位数量 货站面积	旅客吞吐量 货邮吞吐量 飞机起落架次
任新和孙启玲，2011	9 座长三角机场和 5 座珠三角机场	航站楼面积 跑道长度 停机位数量	旅客吞吐量 货邮吞吐量 起降架次
王俊丹、曾小和冯琳，2017	26 座中国机场	机场跑道条数 航站楼面积 货运库面积 停机位数量	旅客吞吐量 货邮吞吐量 起降架次
范换利和刘丹，2022	22 座旅客吞吐量达 千万级的中国机场	航站楼面积 停机坪面积 跑道长度 停机位数量	飞机起降架次 旅客吞吐量 货邮吞吐量
范换利、刘丹、王丹丹和郭娟，2018	22 座中国机场	航站楼面积 停机坪面积 跑道长度 停机位数量	飞机起降架次 旅客吞吐量 货邮吞吐量

此外，本书还采用了 Window-DEA 模型分析技术来评估中国27 座样本机场的效率，且数据选取不是针对某一年的数据，而是基于 2014～2018 年的周期性数据①。Window-DEA 模型用于评估时变或截面数据的效率（Wang，Yu and Zhang，2011）。该方法通过考虑效率在不同年份的波动，从动态的角度检验效率值（Charnes，Cooper，Lewin and Seiford，2017）。这相比选取单——年数据的研究结果更具参考价值。

2. 4

使用 MCDM 分析法与 DEA 模型组合
评价方法分析机场效率

前文研究所涉及的每个变量的重要性并没有包含在 DEA 模型方法论的计算过程中，这些变量的重要性被假定为具有相同水平。实际上，在考虑机场效率时，不同的利益相关者对不同的变量应该有不同的偏好，忽略每个变量的不同偏好水平会导致结果的偏颇。为了解决这一问题，一些研究人员结合多准则决策（MCDM）方法来评估每个变量的重要性水平。莱等（Lai et al.，2015）在使用 DEA 模型之前，应用层次分析法（AHP）计算各因素的重要度权重。此外，王等（Wang et al.，2004）利用 TOPSIS 分析法（order preference by similarity to the

---

① 由于 2019 年底中国暴发新冠疫情，为避免结果出现偏差，故 2019 年数据未列入本书分析数据之中。

ideal solution）来获得各指标偏好顺序，以更好地评价中国机场的运营效率。而巴罗斯和万科（Barros and Wanke，2015）采用两阶段 TOPSIS 分析法结合 DEA 模型对非洲航空公司的效率进行分析。然而，本书没有采用 AHP 分析法和 TOPSIS 分析法，而是采用模糊一致偏好关系（CFPR）这种常用的多准则决策方法（MCDM）来检验各因素的偏好权重。刘万明（2018）使用 AHP 分析法对指标权重进行设定，但是作者同时指出了 AHP 分析法的缺陷，即使用 AHP 分析法得到的判断矩阵有时无法通过一致性检验，而是需要进行改造。但是改造的弊端在于可能会偏离专家的原始值，使判断矩阵出现差异，从而造成结果的偏差。

与 AHP 分析法和 TOPSIS 分析法相比，CFPR 模型方法具有一些优势。第一，CFPR 模型计算效率高，使用相对简单（Chen and Chao，2012；Wang and Chen，2007）。第二，通过采用 CFPR 模型，对一组 n 个标准的决策矩阵可以从 $n(n-1)/2$ 扣减到（n-1）个，大大提升研究效率（Herrera-Viedma，herrera，Chiclana and Luque，2004；Deng，Lu，Chan，Sadiq，Mahadevan and Deng，2015），并能够降低错误率。第三，CFPR 模型还重视决策矩阵的一致性（Chen and Chao，2012；Herrera-Viedma，herrera，Chiclana and Luque 2004）。第四，CFPR 模型重视保持一致性及避免重复评估，这不仅节省了时间，也提高了效率（Herrera-Viedma，herrera，Chiclana and Luque 2004；Wang and Chen，2007）。第五，通过减少问卷中问题的数量，CFPR 模型可以大大缩短问卷的长度，从而增加收到答复的可

能性。综上所述，CFPR 方法被认为是更适用于本书的研究而被选为与 DEA 方法相结合的多准则决策方法。

当然，将 MCDM 分析法与 DEA 模型的结合也有缺点。王等（Wang et al. , 2008a）提出了 AHP 分析法与 DEA 模型相结合的缺点，包括多次两两比较的过度灵敏性、局部权重被高估及信息丢失等。为了解决这一问题，本书在以往的研究中采用了一个带有保证区域（assurance region）的 DEA 模型（DEA-AR）。DEA-AR 模型是由汤普森等（Thompson et al. , 1990）提出的，它对权重的相对水平施加了约束，以允许已定义项目的权重在一个区域内变化（Wang et al. , 2008b）。在机场效率评价文献中，多目标决策分析（MCDM）方法与 DEA-AR 模型的综合应用是有限的。例如高村和托恩（Takamura and Tone, 2003）研究了 AHP 分析法和 DEA-AR 方法的整合，以衡量政府机构搬迁的几种选址替代方案的效率，研究的第一步是运用层次分析法（AHP）来计算各评价指标的相对权重，之后利用 DEA-AR 模型，根据 AHP 分析法的结果，对备选地点的有效性进行检验。莱等（Lai et al. , 2015）还综合了 AHP 分析法和 DEA-AR 方法对 24 座国际机场的效率进行了评估，结果表明，综合的 AHP 分析法和 DEA-AR 模型比单独的 DEA 模型更有效。

综上所述，DEA 模型被认为是一种传统的用来研究效率性的方法。多项研究利用 DEA 模型相关方法分析了不同国家的机场效率表现；而 MCDM 分析法也是常用的为各评价指标赋予权重的模型。二者相结合，通过组合评价方法能够更加全面、合理、准确地对研究对象进行效率性分析。然而，MCDM 分析法有很多种，在关于中国机场效率研究的文献中，利用 CFPR 模型对 DEA 模型的输入和输出变量进行赋权的研究较少。因此，本书提出结合 CFPR 模型及 DEA-Window-AR 模型的方法，选取旅客吞吐量前 27 位的中国机场为样本进行机场效率性分析。这样做不仅可以考虑到因素权重（CFPR），还能避免效率随时间波动（Window-DEA），同时可以提供一个保证区域（AR）。三重保障以避免由于单一分析模型自身的缺点而造成的研究结果偏差，以最大限度保证结果的准确性（于剑等，2011）。

第**3**章<<

研究方法

>>

模糊一致偏好关系（CFPR）

数据包络法（DEA）

DEA-AR

Window-DEA

>>

3.1

模糊一致偏好关系（CFPR）

本书采用 CFPR 模型计算影响我国机场效率的各个因素的权重。在 CFPR 模型的应用下，建立了两两比较的偏好决策矩阵，以确定九个选择因素的优先次序。CFPR 模型的应用既保证了决策过程的一致性，同时也简化了计算过程。与其他利用定量数据的方法相比，CFPR 模型在决策过程中强调了某些领域的专家的知识和经验。然而，专家的偏好基于他们的知识和经验是不容易比较的，因此，这里采用了语言量表。正如其他许多研究中所做那样（Wang and Lin，2009；Simanaviciene and Ustinovichius，2010），将评估者的偏好转化为数值，转定性数据为定量数据，以便进行计算和比较。

采用 CFPR 模型的其他优点是，它克服了评价不精确的问题，以及降低了计算过程中的不确定性。此外，问卷问题比较简单，被调查者回答问题的时间也比较短，这增加了得到答复的机会。因此，CFPR 模型使参与者能够以最小的判断力给出他们的意见，并通过消除决策过程中的不一致来简化程序。主要命题表示如下。

CFPR 模型采用了两种类型的偏好关系：乘法偏好关系和模糊偏好关系（Chao and Chen，2009）。

对于乘法偏好关系，专家们用 X 来表示他们对一组方案的偏好，$X = \{x_1, x_2, \cdots, x_n, n \geq 2\}$ 是一个有限的备选方案集，由一个有限的专家集评估（$E = \{e_1, e_2, \cdots, e_m, m \geq 2\}$）（Chao and Chen，2009）。专家选择的 X 可以通过一个偏好关系矩阵来表示，$A \subset X \times X, A = (a_{ij}), a_{ij} \in \left[\dfrac{1}{5}, 5\right]$，其中 a_{ij} 表示备选方案 x_i 比 x_j 的偏好程度之比。例如：$a_{ij} = 1$ 表示 x_i 和 x_j 不相关，$a_{ij} = 5$ 表示 x_i 及其优于 x_j。A 表示以下的乘法倒数：

$$a_{ij} \times a_{ji} = 1 \; \forall i. \; j \in \{1, \cdots, n\} \tag{3-1}$$

对于模糊偏好关系，备选方案 x_i 与 x_j 的偏好强度比是根据专家的经验和知识，基于一系列备选方案的基础上进行的，其中 X 表示正偏好关系矩阵，由 $P \subset X \times X$ 表示，其隶属函数为 $\mu_p(x_i, x_j) = p_{ij}$。此外，$p_{ij} = \dfrac{1}{2}$ 意味着 x_i 和 $x_j (x_i \sim x_j), p_{ij} = 1$ 之间无差异，表明 x_i 优先于 x_j；$p_{ij} = 0$ 表示 x_j 优先于 x_i；$p_{ij} > \dfrac{1}{2}$ 则表示 x_i 优先于 $x_j (x_i > x_j)$。P 是一个加性倒数：

$$p_{ij} + p_{ji} = 1 \; \forall i. \; j \in \{1, \cdots, n\}, \tag{3-2}$$

命题 1. 互加性模糊偏好关系（Wang and Lin，2009）说明如下：

$$p_{ij} + p_{jk} + p_{ki} = \frac{3}{2} \; \forall i, j, k, \tag{3-3}$$

$$p_{ij} + p_{jk} + p_{ki} = \frac{3}{2} \; \forall i < j < k, \tag{3-4}$$

$$p_{i(i+1)} + p_{(i+1)(i+2)} + \cdots + p_{j(j-1)} + p_{ji} = \frac{j-i+1}{2} \forall\, i < j,$$

$$(3-5)$$

命题 2. 假设备选方案集 $X = \{x_1, x_2, \cdots, x_n\}$ 的存在性与乘法偏好关系 $A = (a_{ij})$，$with\, a_{ij} \in \left[\frac{1}{5}, 5\right]$ 有关。$P = p_{ij}, p_{ij} \in [0,1]$ 到 $A = (a_{ij})$ 对应的互反加性偏好关系定义如下（Wang and Lin, 2009）：

$$p_{ij} = g(a_{ij}) = \frac{1}{2}(1 + \log_5 a_{ij}), \qquad (3-6)$$

利用式（3-6），可以将一个乘法偏好关系矩阵转化为各种偏好关系。

如果偏好矩阵中包含的值不在区间 $[0,1]$ 内，而是在 $[-a, 1+a]$ 内，那么为了保持互易性和可加性，就需要进行线性变换，即 $f: [-a, 1+a] \rightarrow [0,1]$ 传递性（Wang and Lin, 2009）。则变换函数表示为：

$$f(p_{ij}^k) = (p_{ij}^k + a)/(1 + 2a), \qquad (3-7)$$

3.2

数据包络法（DEA）

数据包络法（DEA）是一种为衡量效率而开发的分析技术

（Abraham Charnes, Wiliam W. Cooper and Eduairdo Rhodes, 1978）。该模型是一种非参数线性分析技术，它可以计算决策单元之间的相对效率，这些单元被称为决策单元（decision making units, DMU）。决策单元由输入要素和输出要素组成，通过计算决策单元之间的差异可以找到最佳效率的决策单元。因此，决策单元也可以被认为是一种定量技术，运用现行规划最优解法可得出相对于特定投入/产出决策单元的计算效率性（A. Hamdan et al., 2008；余新才，2021）。根据与效率相关的假设，DEA 分析可以分为几个模型。当有大量的输入要素和大量的输出要素时，输入要素与输出要素相比很难轻易得出效率性。因此，一些输入要素会由线性组合函数的形式呈现，由此推导出一个虚拟的输入值；同时，计算要素也会同样通过推导出一个虚拟的输出值（Cooper et al., 2006）。在此过程中，根据基于全局投入得出效率得分，还是基于全局产出得出效率得分，划分了输出导向型模型和投入导向型模型。下列公式被应用于 CCR 基本模型中：

$$\max h_0 = \frac{\sum_{r=1}^{s} u_r y_{r0}}{\sum_{i=1}^{m} v_i x_{i0}} \qquad (3-8)$$

$$\text{subject to}: \frac{\sum_{r=1}^{s} u_r y_{rj}}{\sum_{i=1}^{m} v_{ij}} \leq 1; j = 1, \cdots, n, \qquad (3-9)$$

$$v_r, u_i \geq 0; r = 1, \cdots, s; i = 1, \cdots, m. \qquad (3-10)$$

其中 y_{rj} 和 v_{ij} 为 DMU j 的输出因子和输入因子，u_r 和 v_i 为变量的权重。

3.3

DEA-AR

DEA-AR 模型克服了现有 DEA 模型的不足之处。DEA 模型有一个目标函数，即在小于等于 1 的约束条件下，使决策单元的输入变量和输出变量之比最大化。在这种情况下，每个输入和输出单元都要乘以一个权重，以满足使每个 DMU 的效率值最大化的目标函数。这就是为什么这种计算方法不需要有关评价项目权重的信息。然而，这种方法可能不是一个公平的分析，因为变量有可能会被乘以极端的权重。汤普森等（Thompson et al.，1990）提出了用于解决这一问题的 DEA 模型，称为 DEA-AR 模型。DEA-AR 模型反映了有关权重的信息，以此来防止极端权重的使用。当有大量的输入变量和输出变量时，DEA-AR 模型会获取各变量的权重信息，然后在进行 DEA 模型分析时设置权重范围。也就是说，DEA 模型是通过对输出变量的输入范围和权重范围设定一个约束条件来计算的。DEA-AR 模型的约束条件如下（Lai et al.，2015）：

$$L_{i_1 i_2} \leqslant \left(\frac{v_{i_1}}{v_{i_2}} \right) \leqslant U_{i_1 i_2} \qquad (3-11)$$

$$L_{r_1 r_2} \leqslant \left(\frac{u_{r_1}}{u_{r_2}} \right) \leqslant U_{r_1 r_2} \qquad (3-12)$$

其中，$\dfrac{v_{i_1}}{v_{i_2}}$ 是输入变量 r_1 和 r_2 的权重比，$\dfrac{u_{i_1}}{u_{i_2}}$ 是计算变量 r_1 和 r_2 的权重比。L（lower）和 U（upper）分别代表权重比的最小值和最大值，其范围由 CFPR 模型的分析结果确定。

3.4

Window-DEA

Window-DEA 模型由查恩斯等（Charnes et al.，1985）提出，该模型以面板数据为目标，并采用移动平均的概念（Halkos and Polemis，2018）。如果现有的 DEA 模型在通过使用特定时间点上呈现的变量来衡量效率方面存在的局限性，那么 Window-DEA 模型可以通过使用多期数据计算每个周期的效率，从而得出设定周期的动态效率（SH Park et al.，2018）。该方法考虑了效率水平在每个单位时间内的波动，提供了更加详细的效率变化，并衡量了动态效应（Wang，Yu and Zhang，2011）。因此，该模型强调的关键因素是移动平均的原则。此外，根据应用窗口分析框架，一座机场在一个时期的表现不仅要与其他目标机场的效率进行比较，还要与其自身在其他时期的效率进行比较，可以得到一系列重叠窗口，从而反映不同时期不同机场的效率。Window-DEA 模型的计算公式与现有的 DEA 模型相同，但将同一 DMU 作为一个面板，根据设定的时间段设置为不同的 DMU。所以，Window-DEA 模型的优点是它可以通过对多周期的效率进行可视化评估，从而评价效率的稳定性（Halkos G. E. and Polemis M. L.，2018）。窗口由以下形式组成（Alrefaie A. et al.，2015）：

$$X_n^t \begin{bmatrix} x_n^{1t} \\ \vdots \\ x_n^{mt} \end{bmatrix}, Y_n^t \begin{bmatrix} y_n^{1t} \\ \vdots \\ y_n^{st} \end{bmatrix} \qquad (3-13)$$

$$X_{kw} = \begin{bmatrix} x_1^k & x_2^k & \cdots & x_N^k \\ x_1^{k+1} & x_2^{k+1} & & x_N^{k+1} \\ \vdots & \vdots & \ddots & \vdots \\ x_1^{k+w} & x_2^{k+w} & \cdots & x_N^{k+w} \end{bmatrix}, \ Y_{kw} = \begin{bmatrix} y_1^k & y_2^k & \cdots & y_N^k \\ y_1^{k+1} & y_2^{k+1} & & y_N^{k+1} \\ \vdots & \vdots & \ddots & \vdots \\ y_1^{k+w} & y_2^{k+w} & \cdots & y_N^{k+w} \end{bmatrix}$$

$$(3-14)$$

查恩斯、库珀、勒温和塞福德（Charnes, Cooper, Lewin and Seiford，2017）的研究表明，效率分析的最佳稳定性应该由三个或四个时间段的窗口宽度产生。因此，本书按照张、陈、元和高（Zhang, Cheng, Yuan and Gao，2010）的观点，采用窗口宽度为 $w=3$。

第 **4** 章 <<

中国机场发展概况

机场是航空运输系统的一个重要基础设施。近年来，国家相继出台政策大力发展航空运输业。本章将从机场规模与数量、旅客吞吐量、货邮吞吐量、飞机起降架次、机场群数量及发展、机场枢纽变量六个角度进行具体阐述。本章数据均来自中国民用航空局官网、飞常准大数据 VariFlight、《2018 年民航机场生产统计公报》、《"十四五"民用航空发展规划》，以及各机场企业官网公布数据。

4.1

机场规模和数量

改革开放以来，特别是进入 21 世纪以来，中国机场的规模和数量都实现了快速增长。2007 年，我国机场数量仅为 158 座，而短短十年后，由《2017 年民航机场生产统计公报》统计，截至 2017 年我国机场数量达到 229 座。《2018 年民航机场生产统计公报》显示，2018 年我国有 5 个新机场投入使用，包括甘肃渭南、青海海北、河南信阳、陕西安康、广西西州西江（原漳州长洲岛）。民航（认证）机场达到 235 座（不包含中国香港、澳门和台湾地区）。而据《2021 年民航行业发展统计公报》统计，截至 2021 年底，我国民用机场达到 248 座。不仅如此，部分机场也有新增航站楼的扩增计划。总体来看，我国机场的规模和数量一直处于增长状态。由于"十三五"规划要求大力建设机场设施，加大资金投入力度。有了政策的支持，我国机场规模和数量还将更上一层楼。

4.2

旅客吞吐量

《2018 年民航机场生产统计公报》（以下简称《公报》）显示，2018 年全国机场旅客吞吐量达 12.64 亿人次，比 2017 年增长了 10.2%。其中，国内航线旅客吞吐量达到 11.38 亿人次，比上年增长了 9.9%（内地至香港、澳门、台湾地区航线旅客吞吐量为 2872.7 万人次，比 2017 年增长了 6%）；国际航线旅客吞吐量 12626.1 万人次，较上年增长 13%。

此外，《公报》显示，2018 年我国全年旅客吞吐量超过 1000 万人次的机场达到 37 座，与上年相比增加了 5 座（包括宁波雨社机场、石家庄正定机场、珠海金湾机场、温州龙湾机场、合肥新桥机场）。在这 37 座机场中，北京首都机场旅客吞吐量突破 1 亿人次，居国内机场首位；其次是上海浦东机场、广州白云机场、成都双流机场、深圳宝安机场、昆明长水机场、西安咸阳机场、上海虹桥机场、重庆江北机场、杭州萧山机场。此外，这 37 座机场的旅客吞吐量占国内机场旅客吞吐量总额的 83.6%，比上年增长了 2.6%。与此同时，北京、上海、广州机场旅客吞吐量占国内旅客吞吐量的比重为 23.3%，比上年下降 1%。

旅客总人数在 200 万~1000 万人间的机场增加到了 29 座，比去年增加了 3 座。这 29 座机场旅客吞吐量占国内机场旅客吞吐量总量的比重为 9.6%，比上年下降了 2.2%。全年旅客吞吐量在 200 万人次以下的机场有 169 座，比上年减少了 2 座。这 169 座机场旅客吞吐量占国内旅客吞吐量的 6.9%，比上年下降了 0.4%。表 4-1 显示了 2018 年 27 座中国目标机场的旅客总数。

表 4-1　　　　　　中国 27 座目标机场的旅客吞吐量

机场	旅客吞吐量			
	排名	2017 年（人次）	2018 年（人次）	同比增长率（%）
北京/首都	1	95786296	100983290	5.4
上海/浦东	2	70001237	74006331	5.7
广州/白云	3	65806977	69720403	5.9
成都/双流	4	49801693	52950529	6.3
深圳/宝安	5	45610651	49348950	8.2
昆明/长水	6	44727691	47088140	5.3
西安/咸阳	7	41857229	44653311	6.7
上海/虹桥	8	41884059	43628004	4.2
重庆/江北	9	38715210	41595887	7.4
杭州/萧山	10	35570411	38241630	7.5
南京/禄口	11	25822936	28581546	10.7
郑州/新郑	12	24299073	27334730	12.5
厦门/高崎	13	24485239	26553438	8.4
长沙/黄骅	14	23764820	25266251	6.3
青岛/流亭	15	23210530	24535738	5.7
武汉/天河	16	23129400	24500356	5.9
海口/美兰	17	22584815	24123582	6.8

续表

机场	旅客吞吐量			
	排名	2017 年（人次）	2018 年（人次）	同比增长率（%）
天津/滨海	18	21005001	23591412	12.3
乌鲁木齐/地窝堡	19	21500901	23027788	7.1
哈尔滨/太平	20	18810317	20431432	8.6
贵阳/龙洞堡	21	18109610	20094681	11.0
三亚/凤凰	22	19389936	20039035	3.3
沈阳/桃仙	23	17342626	19027398	9.7
大连/周水子	24	17503810	18758171	7.2
济南/遥墙	25	14319264	16611795	16.0
南宁/武威	26	13915542	15091614	8.5
福州/长乐	27	12469235	14393532	15.4

资料来源：中国民用航空局网站。

4.3

货邮吞吐量

根据中国民用航空局公布的数据显示，2018 年，我国货物和邮件吞吐量达到 1674 万吨，同比增长 3.5%。其中，国内航线运输 1030.8 万吨，比上年增长了 3.1%（内地至港澳台地区航线 99.3 万吨，比上年增长了 0.3%）；国际航线交付 643.2 万吨，同比增长 4.1%。

根据民航局公布的机场货邮吞吐量，全国有 53 座机场货邮吞吐量超过万吨，比上年净增 1 座机场。这 53 座机场的货邮吞吐量占国内货邮吞吐量的98.4%，比2017年下降0.1%。其中，北京、上海、广州机场货邮吞吐量占国内货邮吞吐量的48.8%，比2017年下降1.1%。表4-2是2018年27座中国机场的货物吞吐量总额。

表4-2　　　　　全国27座目标机场的货物吞吐量总额

机场	货物吞吐量			
	排名	2017年（万吨）	2018年（万吨）	同比增长率（%）
北京/首都	2	2029583.60	2074005.40	2.2
上海/浦东	1	3824279.90	3768572.60	-1.5
广州/白云	3	1780423.10	1890560.00	6.2
成都/双流	5	642872.00	665128.40	3.5
深圳/宝安	4	1159018.60	1218502.20	5.1
昆明/长水	8	418033.60	428292.10	2.5
西安/咸阳	13	259872.50	312637.10	20.3
上海/虹桥	9	407461.10	407154.60	-0.1
重庆/江北	10	366278.30	382160.80	4.3
杭州/萧山	6	589461.60	640896.00	8.7
南京/禄口	11	374214.90	365054.40	-2.4
郑州/新郑	7	502714.80	514922.40	2.4
厦门/高崎	12	338655.70	345529.10	2.0
长沙/黄骅	21	138737.60	155513.10	12.1
青岛/流亭	15	232063.90	224533.80	-3.2
武汉/天河	16	185016.70	221576.30	19.8
海口/美兰	17	154496.00	168622.20	9.1
天津/滨海	14	268283.50	258734.80	-3.6
乌鲁木齐/地窝堡	20	156741.50	157725.80	0.6
哈尔滨/太平	23	121176.20	125042.00	3.2
贵阳/龙洞堡	27	102369.70	112396.20	9.8

续表

机场	货物吞吐量			
	排名	2017 年（万吨）	2018 年（万吨）	同比增长率（%）
三亚/凤凰	29	89115.90	95132.90	6.8
沈阳/桃仙	18	159117.10	168558.00	5.9
大连/周水子	19	164777.60	161887.30	−1.8
济南/遥墙	26	95151.50	113627.90	19.4
南宁/武威	25	110444.20	118035.60	6.9
福州/长乐	22	125602.70	133189.40	6.0

资料来源：中国民用航空局网站。

4.4

飞机起降架次

2018 年，我国飞机起降量达 1188.8 万架次，同比增长 8.2%。其中，国内航线完成飞机起降 1015.6 万架次，比上年增长了 8.3%（内地至港澳台地区起降 19.7 万架次，比上年增长了 2.3%）；国际航线完成航班 93.3 万架次，同比增长了 7.3%。表 4 - 3 是 2018 年中国 27 座目标机场的飞机起降架次总量。

表 4 - 3　　　　　　中国 27 座目标机场的飞机起降架次

机场	飞机起降架次			
	排名	2017 年（架次）	2018 年（架次）	同比增长率（%）
北京/首都	1	597259	614022	2.8
上海/浦东	2	496774	504794	1.6

续表

机场	飞机起降架次			
	排名	2017 年（架次）	2018 年（架次）	同比增长率（%）
广州/白云	3	465295	477364	2.6
成都/双流	6	337055	352124	4.5
深圳/宝安	5	340385	355907	4.6
昆明/长水	4	350273	360785	3.0
西安/咸阳	7	318959	330477	3.6
上海/虹桥	10	263586	266790	1.2
重庆/江北	8	288598	300745	4.2
杭州/萧山	9	271066	284893	5.1
南京/禄口	11	209394	220849	5.5
郑州/新郑	12	195717	209646	7.1
厦门/高崎	13	186454	193385	3.7
长沙/黄花	15	179575	186772	4.0
青岛/流亭	16	179592	182642	1.7
武汉/天河	14	183883	187699	2.1
海口/美兰	21	157535	165186	4.9
天津/滨海	18	169585	179414	5.8
乌鲁木齐/地窝堡	20	167822	176346	5.1
哈尔滨/太平	24	136803	146416	7.0
贵阳/龙洞堡	22	149050	158567	6.4
三亚/凤凰	27	121558	123507	1.6
沈阳/桃仙	25	127387	137661	8.1
大连/周水子	23	141428	146652	3.7
济南/遥墙	26	115529	126828	9.8
南宁/武威	28	108049	113474	5.0
福州/长乐	29	98908	110243	11.5

资料来源：中国民用航空局网站。

4.5

机场群数量及发展

我国在"十三五"规划中明确提出，鼓励建设世界级机场群，我国机场建设发展已从"单一机场"向"机场群"建设过渡，同时强调了区域性协同发展。目前，中国主要有四大机场集群，包括京津冀机场集群、长三角机场集群、粤港澳大湾区机场集群、成渝机场集群。由中国民用航空局官网公布的数据整理可知，2018 年我国四大机场集群旅客吞吐量统计数据为：京津冀机场集群旅客吞吐量 1.51 亿人次，与 2017 年相比实现了 7.7% 的增长；长三角机场集群完成旅客吞吐量 2.28 亿人次，比 2017 年全年旅客吞吐量增长 9.1%；粤港澳大湾区机场集群珠三角九城实现旅客吞吐量 1.322 亿人次，同比增长 8.4%；成渝机场集群旅客吞吐量 1.02 亿人次，较上年增长 7.3%。各机场群协同联动、错位发展，提升了各机场群的整体竞争力，加快了建设世界一流机场集团的步伐。

中国机场的发展主要是依靠城市群的发展，即不同发展阶段、不同地理区域的城市群将形成不同层次、不同类型的多机场系统。目前，中国城市群包括珠三角地区、长三角地区、京津冀地区、胶东半岛地区、辽宁中南部地区、中原地区、武汉地区、长沙—株洲—湘潭地区、海峡西海岸地区、成渝地区和关中地区。这些城市群处于不同的发展阶段。珠江三角洲和长江三角洲地区是成熟的城市群，其区域机场体系也相对成熟。我国将机场建设的重点放在改建和扩建上，而在不成熟的城市群，新兴机场将不断被建设并加入到这些地区的机场群中，从而利用区域交通网络系统形成各个机场的交通系统。区域空港规划布局模式是对区域经济环境的补充，与区域交通网络密切相关。另外，经济全球化和交通一体化为区域机场系统的规划和布局提供了有利条件。

尽管如此，中国机场未来的前景预计将面临快速增长。中国民航总局于 2016 年 5 月 25 日颁布《关于进一步深化民航改革工作的意见》；2017 年 2 月，中国民航总局发布《中国民用航空发展"十四五"规划》，提出到 2050 年的发展目标，机场建设仍将是一个重大问题。具体来说，到"十四五"末，运输机场 270 座，市地级行政中心 60 分钟到运输机场覆盖率 80%，千万级以上机场近机位靠桥率达到 80%，枢纽机场轨道接入率达到 80%，空管年保障航班起降 1700 万架次。国家发展改革委、中国民航局联合印发的《全国民用运输机场布局规划》（以下简称《规划》）明确了机场体系建设的目标和主要思路，到 2025 年机场布局进一步完善，机场总数将超过 370 座（已竣工的机场约 320 座），旅客吞吐量将达到约 22 亿人次；重点提升北京、上海、广州等国际枢纽机场的竞争力，推进珠三角、长三角、京津冀世界机场集团布局。此外，《规划》还指出，航空服务范围将覆盖全国 93.2% 的地级市、89% 的县和 92% 的人口。中国机场通往其他国家的国际航线将大幅增加，航空运输规模将继续扩大。

4.6

机场枢纽变量

本书选取了中国前 27 座机场（排名以 2018 年旅客总人数为基础，不包括港澳台地区）作为研究对象。这 27 座目标机场的基本信息如表 4-4 所示。从中可以看出，排名较高的机场大多位于我国四大机场群中。这种现象反映出以机场集团为单位的发展速度要快于单个机场的发展速度。为了增强自身的国际竞争力，单一机场就需要得到机场周边地区发展的支持，最终，以一个航空枢纽为核心的区域性机场群在全球或区域内更具竞争力。由表 4-4 可见，机场的枢纽变量主要分为国际枢纽机场、区域枢纽机场和非枢纽机场三种。因此，机场的枢纽变量对机场效率性的影响也不容忽视。未来，我国民航运输需求、生产规模、基础设施建设增长仍将强劲。

表 4-4　　　　我国排名前 27 座机场的信息

排名	机场	省/自治区	状态
1	北京/首都	北京	国际枢纽机场
2	上海/浦东	上海	国际枢纽机场
3	广州/白云	广东	国际枢纽机场
4	成都/双流	四川	区域性枢纽机场
5	深圳/宝安	广东	国际枢纽机场

续表

排名	机场	省/自治区	状态
6	昆明/长水	云南	区域性枢纽机场
7	西安/咸阳	陕西	区域性枢纽机场
8	上海/虹桥	上海	国际枢纽机场
9	重庆/江北	重庆	区域性枢纽机场
10	杭州/萧山	浙江	非枢纽机场
11	南京/禄口	江苏	非枢纽机场
12	郑州/新郑	河南	区域性枢纽机场
13	厦门/高崎	福建	非枢纽机场
14	长沙/黄花	湖南	非枢纽机场
15	青岛/流亭	山东	非枢纽机场
16	武汉/天河	湖北	区域性枢纽机场
17	海口/美兰	海南	非枢纽机场
18	天津/滨海	天津	非枢纽机场
19	乌鲁木齐/地窝堡	新疆	区域性枢纽机场
20	哈尔滨/太平	黑龙江	非枢纽机场
21	贵阳/龙洞堡	贵州	非枢纽机场
22	三亚/凤凰	海南	非枢纽机场
23	沈阳/桃仙	辽宁	区域性枢纽机场
24	大连/周水子	辽宁	非枢纽机场
25	济南/遥墙	山东	非枢纽机场
26	南宁/武威	广西	非枢纽机场
27	福州/长乐	福建	非枢纽机场

资料来源：中国民用航空局网站。

第5章 <<

实证分析

>> ----------------------------------

指标选取、样本选取与数据来源
CFPR模型的应用
DEA–Window–AR模型分析

---------------------------------- >>

本章分别使用 CFPR 模型及 DEA-Window-AR 集成模型对我国 27 座样本机场进行案例研究。CFPR 模型的应用可计算出每个输入变量和输出变量的权重，以此避免单一 DEA 模型下对各变量权重的随机分配所导致结果的偏差。而后基于加权输入变量及输出变量的基础上，使用 DEA-Window-AR 集成模型计算出 27 座样本机场的效率性。

5.1

指标选取、样本选取与数据来源

实证分析的第一步往往是构建指标评价体系，而指标的选取一般是根据研究对象而量身设定的，每个指标应从不同的侧面反映研究对象所具有的某种属性或特点（谢泗薪和侯，2015）。本书指标的选取主要分为三步：第一步，通过阅读大量现有使用 DEA 模型对机场效率性进行评价的文献，并总结这些学者使用的输入变量和输出变量作为参考，建立初步指标评价体系（列表见本书第 2 章）；第二步，聘请业内专家形成专家团队，采用开放式调查问卷，从列表中选取重要性较强的指标；第三步，开展第二轮调查，进一步缩小所选指标的范围，固定 9 个与本书目标高度相关的指标，最终确定指标评价体系。其中投入指标为："飞机停泊位""登机口数量""投入资金""航线数量""跑道数量""航站楼面积"；产出指标为："旅客吞吐量""货物吞吐量""飞机起降架次"。

本书选取 2018 年旅客吞吐量前 27 座机场作为决策单元（DMU），这 27 座样本机场的年旅客吞吐量均突破 1000 万人次。且样本机场的年旅客吞吐量和货邮吞吐量分别占全国总量的 83.6% 和 89.7%。样本选取遵循 DMU 选取数量原则（DMU 个数至少为指标个数的三倍）。本书数据来源为中国民用航空局及各机场企业官网公布数据，选取 2014～2018 年五年内的时变数据进行分析。

5.2

CFPR 模型的应用

5.2.1　影响机场效率的评价因素

为了进行 DEA-AR 模型分析，各输入输出因素的权重必须加以考虑，从而得到更加精确的结果。因此，本章节描述了使用 CFPR 模型对每个输入和输出变量的影响权重的计算过程，其研究流程如图 5-1 所示。

其中，第一轮调查采用的是开放式问题，设计专家调查问卷，聘请国内航空业权威机构的专家，包括中国民航大学临空经济研究所、青岛国际机场集团有限公司、中国航空工业发展

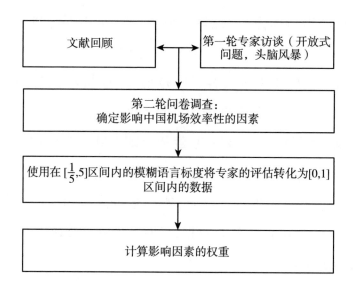

图 5 – 1　基于 CFPR 模型的研究流程

研究中心、河南机场集团有限公司、北京中航建研航空设计咨询有限公司、天津航空有限责任公司、中国民航科学研究院（CAST）等的工作人员形成专家小组。每一位有丰富实践经验的专家会得到一个现有文献含有影响中国机场效率潜在因素的列表，经过头脑风暴的方式，选择或添加他们认为对机场效率产生重要影响的因素，最终总结整理出影响中国机场效率的关键影响因素。现有文献中总结的影响中国机场效率潜在因素的列表已在本书第 2 章中列出。

　　详细流程如下所示：首先，每个调查对象会收到一份文献中提取的建议因素列表，并对其进行评估；其次，每位专家可以删除对中国机场效率性影响较小的变量，并添加他们认为对研究问题至关重要的因素。最终根据此次调查的结果，确定影响中国机场效率的关键要素。这些问卷被分发给具有 20 年以上机场管理经验的专家。在 2019 年 1 月 7 日至 1 月 11 日期间，笔者通过电话和电子邮件的方式分别联系了每位评估人员。在此过程中，选取"飞机停机位""登机口数量""投入的资金""定期航班数量""乘客总数""航站楼面积""停机坪面积""值机柜台""员工数量""跑道数量（跑道总长度）" 10 个因素作为评价指标，初步建立评价指标体系。

随后基于这 10 个因素，于 2019 年 1 月 14 日至 1 月 16 日举行了一次头脑风暴式会议。再次邀请到 7 位专家，对初步建立起的指标体系进行下一步筛选，做到优中取优，以消除重叠或不必要的因素，或提出在之前过程中没有考虑新的重要因素。在现有关于机场效率性的文献中，使用较为普遍的输入因素包括：登机门数量、航站楼面积、停机坪面积、停机位数量、跑道长度、雇员人数、人工投入成本、乘客满意度等；输出因素包括：旅客吞吐量、货物吞吐量、机场收益、飞机起降架次等。各位专家可以以这些变量为参考，或者基于自己的实践经验进行选取。最终，"飞机停泊位""登机口数量""投入资金""航线数量""跑道数量""旅客吞吐量""航站楼面积"等 7 个因素被纳入进一步评估；其余三个变量被建议删除。同时，专家们提出了两个新的影响因素，包括"货物吞吐量"和"飞机起降架次"，因为根据文献审查，这两个变量的使用频率相对于其他变量要高。至此，最终确定影响中国机场效率的评价因子（6 个输入因子和 3 个输出因子）并给出解释，如表 5 - 1 和表 5 - 2 所示。

表 5 – 1　　　　　　　　　　　　　输入因素

序号	因素	种类
1	登机口数量（C_1）	所选样本机场中可以连接飞机正在使用中的登机口数量，反映出样本机场的旅客协调能力与效率
2	航站楼面积（C_2）	所选样本机场公布的正在使用中的航站楼的总面积，反映出机场总客流量的组织协调能力和货物处理能力
3	跑道数量（C_3）	所选样本机场的正在使用中的功能性跑道数量，反映出机场处理乘客及货物的组织及处理能力
4	飞机停泊位（C_4）	所选样本机场内正在使用中的停机位总数，也是供飞机停放的总空间，反映机场客货机容纳能力
5	投入资金（C_5）	所选样本机场进一步扩大机场容量所需的财政支持，反映出机场扩建的可能性及潜在的效率提高可能
6	航线数量（C_6）	飞机在每个所选样本机场起飞和降落的航线数量，反映出机场的通达程度

表 5 – 2　　　　　　　　　　　　　输出因素

序号	因素	种类
1	货物吞吐量（cargo）（C_7）	每座所选样本机场每年处理的货物和邮件的总重量，反映出样本机场的货物中转协调能力
2	旅客吞吐量（passenger）（C_8）	到达或离开每座所选样本机场进出港的乘客总数量，包括终端和过境乘客，反映出机场旅客乘机情况及中转情况
3	飞机起降量（movement）（C_9）	所选样本机场在运输乘客、货物和邮件方面，飞机的总起降次数，反映出机场对航班的协调与保障能力

5.2.2　计算输入因素的权重

在最终确定影响中国机场效率的 9 个重要因素之后，本书采用 CFPR 方法对所有因素分别赋予权重并进行排序。在此基础上，分析得出哪些因素对中国机场效率的影响最为有效。该方法的优点在于，不仅能够降低计算难度，简化计算过程，而且能够保证决策矩阵的一致性（Chen and Chao, 2011；Lee et al. , 2014）。

为了计算所选因素的权重，第二轮问卷被分发给从事不同领域的行业专家，包括研究员、项目经理、货运部门副经理、货运营销经理、部门经理等。参加第一轮调查的评估人员也被包括在内。入选专家均来自国内航空业最权威的机构，包括中国民航大学临空经济研究所、青岛国际机场集团有限公司、中国航空工业发展研究中心、河南机场集团有限公司、北京中航建研航空设计咨询有限公司、天津航空有限责任公司、中国民航科学研究院（CAST）等。各机构简介如表 5 - 3 所示。

表 5 - 3　　　　　　　　　　专家机构信息

组织名称	简介
中国民航大学临空经济研究所（IAE）	机场经济研究所（IAE）是国内第一个专门从事临空经济理论与实践研究的机构。由曹允春教授担任所长，曹允春教授是中国临空经济理论的最早提出者。研究所主要从事临空经济、临空产业、航空城、航空物流等方面的研究
青岛国际机场集团有限公司	青岛流亭国际机场是为中国山东省青岛市服务的主要国际机场。它距离市中心约 31 千米（19 英里），是山东航空公司和青岛航空公司的枢纽机场，以及北京首都航空公司和中国东方航空公司的重点机场
中国航空工业发展研究中心（ADR）	中国航空工业发展研究中心（ADR）成立于 2001 年，由中国航空工业信息中心（1956 年成立的 628 所）和中国航空系统工程学院（1982 年成立的 620 所）合并而成。ADR 是中国唯一一家从事航空技术、产品和产业发展综合研究的机构。这是工业和信息化部成立的第一个加快军民融合的服务机构

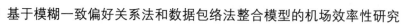
续表

组织名称	简介
河南机场集团有限公司	郑州新郑国际机场（Zhengzhou Xinzheng International Airport）（ICAO 机场代码：ZHCC；IATA 机场代码：CGO），简称"新郑机场"，别称"轩辕机场"，于 1997 年 8 月 28 日建成通航。是中部地区首个拥有双航站楼、双跑道的机场。河南省机场集团有限公司提供航空货运服务。公司主要提供客货飞机运输服务，河南省机场集团业务遍及全球
北京中航建研航空设计咨询有限公司	北京中飞航空设计咨询有限公司专注于民航行业，主要从事机场规划设计、政策研究、标准研究、战略研究、规划研究、技术研究、成本咨询、经济评价研究、民航建设项目管理咨询、民航企业管理咨询、民航信息咨询、民航安全管理咨询、航空公司筹建咨询等
天津航空有限责任公司	公司以航空运输产业发展咨询为核心，以航空运输产业链和区域经济产业链为主营业务，以航空运输企业和各级政府部门为主要服务对象，提供五个方面的个性化咨询服务：空港发展战略规划、物流园区（综合保税区）规划、空港经济发展规划、空港产业规划、航空运输在区域经济发展中的影响分析
中国民航科学技术研究院（CAST）	中国民航科学技术研究院的主要职责是开展民用航空安全和发展的科学技术研究，负责民用航空技术的开发和推广，为民航局的决策和监督管理提供技术支持，为航空公司、民用机场、空中交通管理等企业和航空产品生产企业提供技术咨询和服务

资料来源：各机构官网。

整个过程历时 39 天（2019 年 1 月 30 日至 2019 年 3 月 9 日）。该调查是通过电话、电子邮件和面对面访谈的方式进行的。调查结束后总共收集了 35 份回执。在剔除未完成的答案及信息不准确的答复后，最终得到 20 份有效答复并被采纳。访谈要求评估人员根据他们的工作经验和专业意见，通过语言变量来对影响因素进行两两比较，如"极端重要（AI）""稍微重要

（WI）"和"同等重要（EQ）"，如表 5 - 4 所示。

表 5 - 4　　　　用于衡量影响因素的权重重要性的语言变量

定义	重要性程度
表示两个因素相比，一个因素比另一个因素极端重要（AI）	5
表示两个因素相比，一个因素比另一个因素强烈重要（VI）	4
表示两个因素相比，一个因素比另一个因素明显重要（SI）	3
表示两个因素相比，一个因素比另一个因素稍微重要（WI）	2
表示两个因素相比，同等重要（EQ）	1
因素 i 与 j 比较的判断 aij，则因素 j 与 i 比较的判断 $a_{ji} = 1/a_{ij}$	倒数

　　在应用 MCDM 分析法的研究样本大小方面，很多学者可能会表现出质疑，认为二三十名专家的样本池不足以让结果具有可靠性。但是，通过以往的研究表明，20 名左右的专家对于进行可靠的分析是可行的：阿尼玛等（Animah et al.，2018）选择了 21 名评估人员，以确定在几内亚湾阻碍有效履约的障碍；谭和图玛拉（Tam and Tummala，2019）招募了 21 名受访者来研究供应商选择的问题。一些学者甚至相信基于少于五位专家而进行分析的可靠性，如三位决策者被邀请对供应商选择问题进行评估（Wood，2016），而亚兹迪（Yazdi，2018）选择了三位专家对灌装系统进行评分，其中两位的研究均得出了翔实可靠的分析结果。因此，基于 MCDM 分析法的特殊性，20 个受访者就足以获得合理有效的研究结果。因此，本书中基于这 20 位专家的研究结果是有效的。

　　输入变量的计算过程如下所示。

（1）在调查问卷的基础上，根据我国机场效率评价的 6 个输入因素和 3 个输出因素的重要性权重（由 20 名受访者回答），建立了 9 个相邻因素的成对比较矩阵。

（2）表 5 - 5 举例说明了第一个回应专家（E_1）的评估意见在使用表 5 - 4 中的模糊偏好语言变量转换之后的表现形式。同时，相应的语言变量数字显示如表 5 - 6 所示。

表 5 - 5　　　　　　　E_1 语言变量偏好矩阵

E_1	C_1	C_2	C_3	C_4	C_5	C_6
C_1	1	WI				
C_2		1	LWI			
C_3			1	EQ		
C_4				1	LSI	
C_5					1	EQ
C_6						1

表 5 - 6　　　　　　　将语言价值转换成相应的数字

E_1	C_1	C_2	C_3	C_4	C_5	C_6
C_1	1	2				
C_2		1	1/2			
C_3			1	1		
C_4				1	1/3	
C_5					1	1
C_6						1

（3）需要将表 5 - 6 中的值转换为在区间 $[0，1]$ 内的值，因此应用式（3 - 6）计算这种变换。结果显示如下：

$$P_{12} = (1 + \log_5 2) = 0.72 ; P_{23} = \left(1 + \log_5 \frac{1}{2}\right) = 0.28 ;$$

$$P_{34} = (1 + \log_5 1) = 0.50 ;$$

$$P_{45} = \left(1 + \log_5 \frac{1}{3}\right) = 0.16 ; P_{56} = (1 + \log_5 1) = 0.50 \qquad (5-1)$$

为了计算表 5 - 6 中其余的值，在此应用两个不同的公式，即式（3 - 2）和（3 - 5）。例如，P_{51}、P_{15} 和 P_{53} 的结果如下：

$$P_{51} = \frac{5 - 1 + 1}{2} - P_{12} - P_{23} - P_{34} - P_{45}$$

$$= 2.5 - 0.72 - 0.28 - 0.50 - 0.16$$

$$= 0.84$$

$$P_{15} = 1 - P_{51} = 1 - 0.84 = 0.16$$

$$P_{53} = \frac{5 - 3 + 1}{2} - P_{34} - P_{45} = 1 - 0.50 - 0.16$$

$$= 0.84 \qquad (5-2)$$

将表 5 - 6 内所有结果计算完毕后，得出由专家 1（E_1）评价的 6 个输入因素的模糊偏好关系矩阵，如表 5 - 7 所示。但是，有四个以粗体突出显示的值（P_{25}，P_{52}，P_{26} 和 P_{62}）不在内部 $[0，1]$。为了保证偏好关系矩阵的协同性和加性传递性，在此应用为线性转换而建立的式（3 - 7）来求解该问题。

表 5 - 7　　　　　　　　转换后 E_1 的模糊偏好值

E_1	C_1	C_2	C_3	C_4	C_5	C_6
C_1	0.50	0.72	0.50	0.50	0.16	0.16
C_2	0.28	0.50	0.28	0.28	**-0.06**	**-1.06**
C_3	0.50	0.72	0.50	0.50	0.16	0.16
C_4	0.50	0.72	0.50	0.50	0.16	0.16
C_5	0.84	**1.06**	0.84	0.84	0.50	0.50
C_6	0.84	**2.06**	0.84	0.84	0.50	0.50

观察表 5 - 7 可以看出，表内数据最小值为 - 1.06；因此这里应用了绝对值的概念，以便将所有值都管理到区间内。由此得出表 5 - 7 的绝对最小值为 1.06。然后利用式（3 - 7）对四个突出显示的值进行转换：

$$P_{25} \text{的偏好值} = (-0.06 + 1.06)/(1 + 2 \times 1.06) = 0.321$$

$$P_{52} \text{的偏好值} = (1.06 + 1.06)/(1 + 2 \times 1.06) = 0.679$$

$$P_{26} \text{的偏好值} = (-1.06 + 1.06)/(1 + 2 \times 1.06) = 0$$

$$P_{62} \text{的偏好值} = (2.06 + 1.06)/(1 + 2 \times 1.06) = 1$$

$$(5 - 3)$$

这样可以保证偏好关系矩阵的互易性和可添加性。转换后的矩阵如表 5 - 8 所示。

表 5 - 8　　　　　通过线性解决方案转换后的偏好值

E_1	C_1	C_2	C_3	C_4	C_5	C_6
C_1	0.500	0.569	0.500	0.500	0.390	0.390
C_2	0.431	0.500	0.431	0.431	0.321	0.000

续表

E_1	C_1	C_2	C_3	C_4	C_5	C_6
C_3	0.500	0.569	0.500	0.500	0.390	0.390
C_4	0.500	0.569	0.500	0.500	0.390	0.390
C_5	0.610	0.679	0.610	0.610	0.500	0.500
C_6	0.610	1.000	0.610	0.610	0.500	0.500

（4）同样，其他 19 名专家的模糊偏好关系矩阵也可以重复上述计算程序进行计算。然后计算 20 个评价者的平均值，合并两两比较矩阵如表 5 – 9 所示。

表 5 – 9　　　　　汇总 20 位专家的两两比较矩阵

E_{1-20}	C_1	C_2	C_3	C_4	C_5	C_6
C_1	0.500	0.575	0.489	0.465	0.458	0.369
C_2	0.425	0.500	0.414	0.390	0.383	0.024
C_3	0.511	0.586	0.500	0.476	0.469	0.380
C_4	0.535	0.610	0.524	0.500	0.493	0.404
C_5	0.542	0.617	0.531	0.507	0.500	0.411
C_6	0.631	0.976	0.620	0.596	0.589	0.500
SUM	3.144	3.865	3.077	2.934	2.892	2.089

（5）最后对汇总的两两比较矩阵进行归一化，得出 7 个选择因子的排序。这一步的公式表示为：$\dfrac{p_{ij}}{\sum_{i=1}^{n} p_{ij}}$。以 $C_1 C_2$ 为例：

$$C_1 C_2 = 0.500/3.144 = 0.159 \qquad (5-4)$$

然后根据计算结果对这七个决策标准的排名进行评估，具体如下：

航线数量（C_6）> 投入资金（C_5）> 飞机停泊位（C_4）> 跑道数量（C_3）> 登机口数量（C_1）> 航站楼面积（C_2）

20 位专家评价的决策因子优先级权重及排序的归一化矩阵如表 5 – 10 所示。

表 5 – 10　　　　　　　　　　输入因子的权重和排名的归一化矩阵

E_{1-20}	C_1	C_2	C_3	C_4	C_5	C_6	Sum	Weight	Rank
C_1	0.159	0.149	0.159	0.158	0.158	0.177	0.960	0.160	5
C_2	0.135	0.129	0.134	0.133	0.132	0.012	0.676	0.113	6
C_3	0.163	0.152	0.162	0.162	0.162	0.182	0.983	0.164	4
C_4	0.170	0.158	0.170	0.170	0.170	0.193	1.033	0.172	3
C_5	0.172	0.160	0.172	0.173	0.173	0.197	1.047	0.174	2
C_6	0.201	0.252	0.201	0.203	0.204	0.239	1.301	0.217	1

其中，航线数量（C_6）排名第一，主要是因为航线数反映了机场在物流领域发挥的功能及所具备的能力，这是评价机场效率的最重要因素。一座机场所能航行的航线越多，其效率性自然越高，二者成正比。另外，资本投入（C_5）在六个输入变量中排名第二。这一因素包括初始投资和用于扩建机场某些设施而投入的资金，如新的航站楼、更多的跑道或更长的跑道。更好的设施可以提高机场的效率（Lai et al.，2015）。值得注意的是，第三个重要的决策标准是飞机停泊位（C_4）。这一因素指的是航站楼内的飞机停泊位数量和土地可用性。如果机场供应不足，可能会出现飞机排队等候的情况，从而导致机场各种类型的功能延误。因此飞机停泊位的多少也紧密影响着所属机场的效率性，且二者呈正比关系，即飞机停机位越多，对所

属机场效率性的正面影响会越高。

5.2.3 计算输出因素的权重

输出因子权重的计算过程与输入因子权重的计算过程相同。因此，整个过程只需简单地从 20 名受访者那里收集语言学变量，再重复与计算输入因子的权重和排名相同的步骤即可得到三个输出变量的权重和排名的归一化矩阵。输出变量的排序及优先级权重如表 5 – 11 所示。

表 5 – 11　　　　　　输出因素的权重和排名的归一化矩阵

E_{1-20}	C_1	C_2	C_3	Sum	Weight	Rank
C_1	0.290	0.264	0.289	0.842	0.281	3
C_2	0.414	0.462	0.416	1.291	0.430	1
C_3	0.297	0.275	0.296	0.867	0.289	2

根据归一化的优先级权重，这三个输出变量的排序顺序为：旅客吞吐量（C_8）> 飞机起降量（C_9）> 货物吞吐量（C_7）。首先是旅客吞吐量排名第一，因为大多数机场的主要功能是将旅客从离港城市运送到目的地城市（Lozano et al.，2012；Wanke et al.，2016）。因此，这个因素在决定机场是否高效方面起着至关重要的作用。

其次是飞机起降量，指的是在机场起降的飞机数量。飞机是乘客和货物的载体，在一座机场起降的飞机数量越多，通过该机场运送的乘客和货物就越多，这反过来对机场的效率性也起到了决定性的作用（Curi et al.，2010；Wanke，2012）。

5.3

DEA-Window-AR 模型分析

本书使用 Window-DEA 模型和 DEA-Window-AR 模型分析研究我国 27 座机场的动态效率，采用 2014~2018 年的时变数据。如第 2 章所述，窗口的宽度被设定为 3。本章节描述了两个步骤：第一步是在不考虑所选因素权重的情况下进行 Window-DEA 模型并展示结果；第二步是使用 DEA-Window-AR 模型进行分析并展示结果，该分析考虑了上一章节中使用 CFPR 模型计算得出的各因素的权重。

5.3.1 数据收集

本书中使用的数据主要包括六种输入变量：登机口数量、航站楼面积、跑道数量、飞机停泊位、投入资本和航线数量；三个输出变量：货物吞吐量、旅客吞吐量和飞机起降量。表 5 - 12 给出了 9 个评估变量的描述性统计。

表 5 - 12　　　　2014~2018 年选定变量的描述性统计

变量	单位	平均值	最大值	最小值	标准差（Std. Dev.）
登机口数量	个	46. 7037	154	18	36. 53248
航站楼面积	公顷	31. 1779	141	6. 2	29. 13928

续表

变量	单位	平均值	最大值	最小值	标准差 (Std. Dev.)
跑道数量	千米	1.388889	4	1	0.743366
飞机停泊位	位	88.48148	314	35	67.03392
投入资本	1万元	193.3157	999.4	20.95	143.7232
航线数量	条	158.7778	345	89	53.49161
货物吞吐量	千吨	427.052	3824.280	75.646	740.864
旅客吞吐量	百万	2.458	10.098	0.871	1.891
飞机起降量	千次	183.506	614.022	80.496	123.665

本书采用的数据样本量遵循库珀等（Cooper et al.，2006）的理论，他们指出一个定量的经验法则，要求样本大小为{n≥max{m·s,3(m+s)}，其中 m 表示输入变量的数量，s 表示输出变量的数量。帕通西里等（Pathomsiri et al.，2008）认为 DEA 分析的样本量应该超过有助于提高判别能力的输入和输出变量的总数量。因此，本书按照经验法则（rule of thumb）要求，收集了 27 座机场作为 DMU。DEA-Window-AR 模型分析过程如图 5 - 2 所示。

5.3.2   不考虑各评价指标权重的 DEA-Window 分析

表 5 - 13 是 Window-O-C 分析的结果。该表格展示了中国不同机场的效率得分。通过 2014~2018 年的三个重叠窗口，可以确定中国不同机场的效率评价得分。此外，通过检查表 5 - 13 的最后一行，即平均值，可以看出，在 2014~2018 年研究期间，27 座目标机场的效率是波动的。

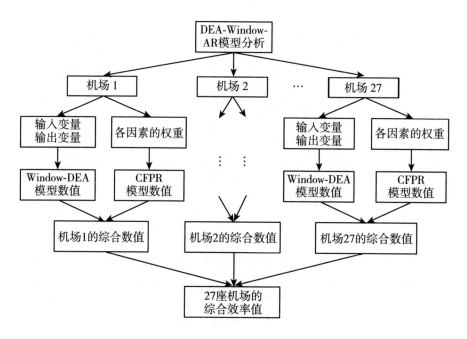

图 5 – 2　拟订的 DEA-Window-AR 模型框架

表 5 – 13　　　　　　　　Windows – O – C 分析结果

机场	2014 年	2015 年	2016 年	2017 年	2018 年	平均值
北京/首都	1.000	0.989	1.000			0.996
		1.000	1.000	1.000		1.000
			1.000	1.000	1.000	1.000
长沙/黄花	1.000	1.000	1.000			1.000
		1.000	1.000	1.000		1.000
			1.000	1.000	0.977	0.992
成都/双流	0.876	0.940	1.000			0.939
		0.921	0.977	0.831		0.910
			0.966	0.830	0.877	0.891
重庆/江北	1.000	0.998	1.000			0.999
		1.000	1.000	0.727		0.909
			1.000	0.726	0.719	0.815

续表

机场	2014 年	2015 年	2016 年	2017 年	2018 年	平均值
	0.807	0.825	0.894			0.842
大连/周水子		0.822	0.891	0.986		0.899
			0.880	0.971	1.000	0.950
	0.769	0.702	0.621			0.697
福州/长乐		0.712	0.604	0.596		0.637
			0.605	0.596	0.530	0.577
	1.000	0.997	1.000			0.999
广州/白云		0.963	0.935	1.000		0.966
			0.935	1.000	0.983	0.973
	0.675	0.700	0.744			0.707
贵阳/龙洞堡		0.717	0.704	0.813		0.745
			0.704	0.813	0.865	0.794
	0.658	0.762	0.871			0.763
海口/美兰		0.678	0.755	0.900		0.778
			0.753	0.893	0.949	0.865
	0.885	0.856	0.831			0.857
杭州/萧山		0.926	0.834	0.851		0.870
			0.834	0.851	0.859	0.848
	0.870	0.956	1.000			0.942
哈尔滨/太平		0.919	0.938	1.000		0.953
			0.938	1.000	0.966	0.968
	0.742	0.784	0.859			0.795
济南/遥墙		0.878	0.959	1.000		0.946
			0.977	1.000	0.893	0.957
	0.839	0.877	0.946			0.887
昆明/长水		0.844	0.901	0.966		0.904
			0.901	0.966	0.995	0.954

续表

机场	2014 年	2015 年	2016 年	2017 年	2018 年	平均值
南京/禄口	0.975	1.000	1.000			0.992
		1.000	1.000	0.981		0.994
			1.000	0.980	0.986	0.988
南宁/武威	0.538	0.535	0.565			0.546
		0.520	0.540	0.620		0.560
			0.540	0.620	0.651	0.603
青岛/流亭	1.000	0.959	1.000			0.986
		0.944	0.987	1.000		0.977
			0.987	1.000	1.000	0.996
三亚/凤凰	0.938	0.964	1.000			0.967
		0.948	0.982	1.000		0.977
			0.977	0.993	1.000	0.990
上海/虹桥	1.000	0.968	1.000			0.989
		0.957	0.976	1.000		0.978
			0.976	1.000	0.854	0.943
上海/浦东	1.000	1.000	1.000			1.000
		1.000	0.989	1.000		0.996
			0.974	1.000	1.000	0.991
沈阳/桃仙	0.719	0.715	0.838			0.757
		0.743	0.866	0.986		0.865
			0.851	0.928	1.000	0.926
深圳/宝安	0.891	0.926	0.938			0.919
		0.925	0.918	0.872		0.905
			0.916	0.871	0.907	0.898
天津/滨海	0.654	0.521	0.568			0.581
		0.521	0.565	0.659		0.582
			0.565	0.659	0.694	0.639

续表

机场	2014 年	2015 年	2016 年	2017 年	2018 年	平均值
	0.742	0.775	0.767			0.761
乌鲁木齐/地窝堡		0.822	0.842	0.857		0.840
			0.842	0.857	0.656	0.785
	0.843	0.880	0.939			0.887
武汉/天河		0.862	0.912	0.955		0.910
			0.912	0.955	0.974	0.947
	0.950	0.982	1.000			0.977
厦门/高崎		0.942	0.960	0.975		0.959
			0.954	0.966	1.000	0.973
	1.000	0.994	1.000			0.998
西安/咸阳		1.000	1.000	1.000		1.000
			1.000	1.000	0.910	0.970
	1.000	0.633	0.782			0.805
郑州/新郑		0.717	0.781	0.761		0.753
			0.781	0.762	0.847	0.796
平均值	0.866	0.861	0.886	0.900	0.892	

表 5-14 显示了中国 27 座机场在三个窗口期的平均效率，包括第 1 期（2014～2016 年）、第 2 期（2015～2017 年）和第 3 期（2016～2018 年）。每个周期的机场数值是由表 5-13 中对应窗口期的平均值得来的。然后取三个时间段的平均窗口效率得分的平均值，即可得到三个窗口周期的平均值，根据这些最终的平均值对总共 27 座机场进行排名。目前，所有机场的平均效率为 0.882。根据表 5-14 的观察结果可以总结为：（1）北京首都机场的后两期、长沙黄花机场的前两期、上海浦东机场的第一期、西安咸阳机场的第二期的效率得分

被设定为机场效率前沿的基准。（2）北京首都机场、长沙黄花机场、上海浦东机场、南京禄口机场、西安咸阳机场、青岛流亭机场、广州白云机场、三亚凤凰机场、上海虹桥机场、厦门长崎机场、哈尔滨太平机场等11座机场的在三个窗口期的机场效率平值均在0.9以上。排名前四位的机场平均效率得分差异非常小，说明高效率的机场之间存在着非常激烈的竞争。（3）表中排名第12～16位的机场，即昆明长水机场、武汉天河机场、成都双流机场、重庆江北机场和深圳宝安机场的平均窗口效率水平均达到0.9以上。然而，并非每个时期的所有效率得分都获得了这么高的杠杆效率值。昆明长水机场和武汉天河机场在第一期（2014～2016年）的效率值，以及成都双流机场、重庆江北机场和深圳宝安机场在第三期（2016～2018年）的效率值都在0.8～0.9之间。（4）其余机场在一个或多个时期内的效率水平低于0.8，这些机场被确定为没有高的效率表现。（5）大多数选定的机场在三个窗口期的效率表现都呈现出上升趋势。尤其是济南遥墙机场，从第一个窗口期（2014～2016年）到第二个窗口期（2015～2017年）经历了大幅增长，效率得分从0.795（小于80%）上升到0.946（约等于95%），然后在第三个窗口期（2016～2018年）持续上升到0.957（超过95%）。相反，最末位的三座机场，包括福州长乐机场、天津滨海机场和南宁武威机场，在各时期表现均较差，效率值均低于70%。其中南宁武威机场在第一个窗口期（2014～2016年）的效率值仅为54.6%，为表5－14中的最低值。

表 5 - 14 27 座中国机场在三个窗口期的平均效率

机场	第一窗口期 2014～2016 年	第二窗口期 2015～2017 年	第三窗口期 2016～2018 年	平均值	排名
北京/首都	0.996	1.000	1.000	0.999	1
长沙/黄花	1.000	1.000	0.992	0.997	2
上海/浦东	1.000	0.996	0.991	0.996	3
南京/禄口	0.992	0.994	0.988	0.991	4
西安/咸阳	0.998	1.000	0.970	0.989	5
青岛/流亭	0.986	0.977	0.996	0.986	6
广州/白云	0.999	0.966	0.973	0.979	7
三亚/凤凰	0.967	0.977	0.990	0.978	8
上海/虹桥	0.989	0.978	0.943	0.970	9
厦门/高崎	0.977	0.959	0.973	0.970	10
哈尔滨/太平	0.942	0.953	0.968	0.954	11
昆明/长水	0.887	0.904	0.954	0.915	12
武汉/天河	0.887	0.910	0.947	0.915	13
成都/双流	0.939	0.910	0.891	0.913	14
重庆/江北	0.999	0.909	0.815	0.908	15
深圳/宝安	0.919	0.905	0.898	0.907	16
济南/遥墙	0.795	0.946	0.957	0.899	17
大连/周水子	0.842	0.899	0.950	0.897	18
杭州/萧山	0.857	0.870	0.848	0.859	19
沈阳/桃仙	0.757	0.865	0.926	0.850	20
海口/美兰	0.763	0.778	0.865	0.802	21
乌鲁木齐/地窝堡	0.761	0.840	0.785	0.795	22
郑州/新郑	0.805	0.753	0.796	0.785	23
贵阳/龙洞堡	0.707	0.745	0.794	0.748	24
福州/长乐	0.697	0.637	0.577	0.637	25
天津/滨海	0.581	0.582	0.639	0.601	26
南宁/武威	0.546	0.560	0.603	0.570	27

图5-3为不同机场平均效率随窗口期的变化趋势。由该图可以得出以下结论：（1）机场效率水平整体略有下降，效率

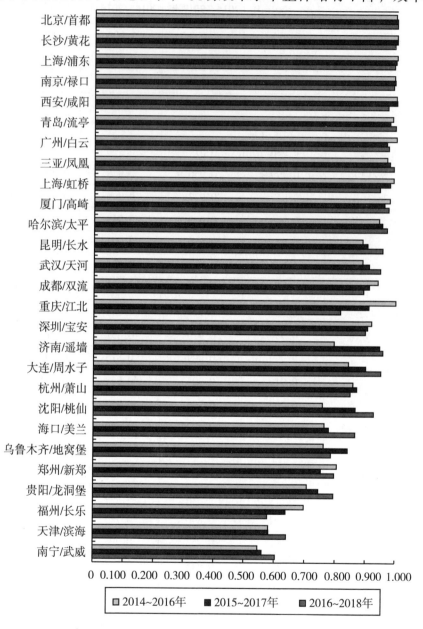

图5-3　不同窗口期的效率值变化趋势

低的机场其效率值出现了几次波动。（2）大多数选定的机场在三个窗口期间都有很高的效率表现。而高效率机场的效率得分在三个窗口期几乎没有变化。（3）聚焦于每座机场，可以观察到一些机场的效率水平在一个窗口期后有所上升，如三亚凤凰机场、哈尔滨太平机场、武汉天河机场、昆明长水机场、济南遥墙机场、大连周水子机场、沈阳桃仙机场、海口美兰机场、贵阳龙洞堡机场和南宁吴威机场等。其中，济南遥墙机场经历了从第一窗口期到第二窗口期的快速增长。同样，海口美兰机场也经历了从第二窗口期到第三窗口期效率水平的大幅提升。值得一提的是，这些机场大多位于排名较低的地方。（4）相反地，有些机场的效率值在逐渐下降，包括上海虹桥机场、成都双流机场、重庆江北机场、深圳宝安机场、福州长乐机场等。其中，重庆江北机场在三个窗口期的效率表现差异较大，其效率得分从第一窗口期的 0.999 逐渐下降到第三窗口期的 0.815，大约呈 20% 的下降幅度。

表 5-15 调查了 2014～2018 年每座机场每年的平均效率。从中可以看出：（1）在五年期间，有 16 座机场至少有一个效率值为 1 的高效率表现。特别是在排名前七的机场中，有些机场甚至在 3 年以上的时间里都有较高的表现。（2）排名前三的机场在这五年期间内有四年表现高效。例如，北京首都机场在 2015 年获得了 0.995 的高效率水平；上海浦东机场在 2016 年取得了 0.988 的效率水平，而长沙黄花机场在 2018 年的效率水平为 0.977。由此可见，排在前三名的机场之间竞争非常激烈。（3）青岛流亭机场位居榜单第四位，2014 年、2017 年、2018

年三年均获得效率值为 1.000 的高效率表现；其余两年的效率
值分别为 0.951、0.991，即使这两年的效率值低于 1.000，但
仍为高效率表现。（4）南京禄口机场位居第五，于 2015 年和
2016 年效率值达到了 1.000，表现出极高的效率；其余三年也
均为高效率表现：2014 年获得了 0.975 的效率水平、2017 年
的效率值为 0.980、2018 年为 0.986。（5）三亚凤凰机场、厦
门长旗机场、昆明长水机场、武汉天河机场、大连周水子机
场、沈阳桃仙机场、海口美兰机场、贵阳龙洞堡机场在五年的
研究期内效率水平呈稳步上升趋势。

表 5 - 15　　　　　　　每座机场的平均效率

机场	2014 年	2015 年	2016 年	2017 年	2018 年	平均值	排名
北京/首都	1.000	0.995	1.000	1.000	1.000	0.999	1
上海/浦东	1.000	1.000	0.988	1.000	1.000	0.998	2
长沙/黄花	1.000	1.000	1.000	1.000	0.977	0.995	3
青岛/流亭	1.000	0.951	0.991	1.000	1.000	0.988	4
南京/禄口	0.975	1.000	1.000	0.980	0.986	0.988	5
广州/白云	1.000	0.980	0.957	1.000	0.983	0.984	6
西安/咸阳	1.000	0.997	1.000	1.000	0.910	0.981	7
三亚/凤凰	0.938	0.956	0.986	0.997	1.000	0.976	8
厦门/高崎	0.950	0.962	0.971	0.970	1.000	0.971	9
上海/虹桥	1.000	0.963	0.984	1.000	0.854	0.960	10
哈尔滨/太平	0.870	0.938	0.959	1.000	0.966	0.946	11
昆明/长水	0.839	0.861	0.916	0.966	0.995	0.915	12
武汉/天河	0.843	0.871	0.921	0.955	0.974	0.913	13
深圳/宝安	0.891	0.926	0.924	0.871	0.907	0.904	14
大连/周水子	0.807	0.823	0.888	0.979	1.000	0.900	15
成都/双流	0.876	0.931	0.981	0.830	0.877	0.899	16
重庆/江北	1.000	0.999	1.000	0.727	0.719	0.889	17

续表

机场	2014 年	2015 年	2016 年	2017 年	2018 年	平均值	排名
济南/遥墙	0.742	0.831	0.932	1.000	0.893	0.880	18
杭州/萧山	0.885	0.891	0.833	0.851	0.859	0.864	19
沈阳/桃仙	0.719	0.729	0.852	0.957	1.000	0.852	20
郑州/新郑	1.000	0.675	0.781	0.761	0.847	0.813	21
海口/美兰	0.658	0.720	0.793	0.897	0.949	0.803	22
乌鲁木齐/地窝堡	0.742	0.798	0.817	0.857	0.656	0.774	23
贵阳/龙洞堡	0.675	0.709	0.717	0.813	0.865	0.756	24
福州/长乐	0.769	0.707	0.610	0.596	0.530	0.642	25
天津/滨海	0.654	0.521	0.566	0.659	0.694	0.619	26
南宁/武威	0.538	0.528	0.548	0.620	0.651	0.577	27

此外，通过观察各机场的效率平均值可以看出，排名前 7 的机场之间存在着激烈的竞争，各机场之间最大的差异仅为 0.007。此外，排名前 15 的机场都达到了 0.9 以上的平均分；其余 9 座机场（第 16 名至第 24 名）平均效率值在 0.7 ~ 0.9 之间；然而，还有 3 座机场的运行效率较低（低于 0.7）。

图 5 - 4 显示了各决策单元平均效率在各年的变化趋势。该年的效率值会受到相邻近窗口期效率值的影响。图 5 - 4 中效率值的变化趋势可以总结为：（1）27 座目标机场的平均效率水平整体变化呈下降趋势。然而，排名较低的机场在某些年份内表现出了较高的效率，这在该图中体现为波动的变化。（2）在整个研究期间，几乎有一半选定的机场效率很高，每年的效率值变化很小。（3）三亚凤凰机场、厦门长崎机场、昆明长水机场、武汉天河机场、大连周水子机场、沈阳桃仙机场、海口美兰机场、贵阳龙洞堡机场等机场效率水平逐步提升。其中昆

明长水机场与武汉天河机场呈现出几乎相同的变化格局，每年增效幅度几乎相同。而大连周水子机场、沈阳桃仙机场、海口美兰机场、贵阳龙洞堡机场则在一两年内大幅增长。（4）还有一些机场的效率水平逐年下降，如福州长乐机场、重庆江北机场等。

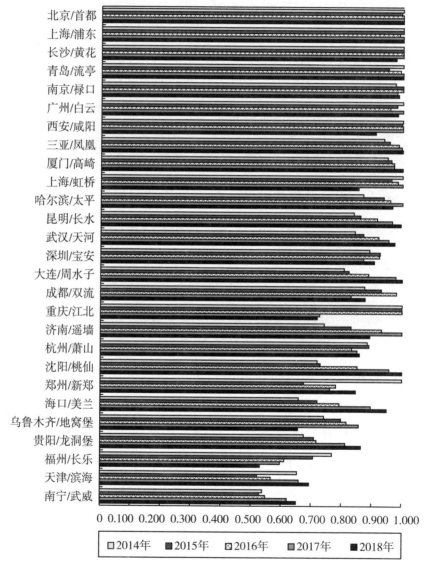

图 5－4　不同年份的效率值变化趋势

5.3.3 考虑各评价指标权重的 DEA-Window-AR 分析

为了采用 DEA-AR 模型，本书利用 CFPR 模型配对比较不同决定变量来定义保证区域（AR）。设置保证区域（AR）的目的是限制输入和输出变量权重的分布。保证区域（AR）由第 3 章中的式（3 – 11）和式（3 – 12）计算，以构成 CFPR/DEA-AR 模型的上限和下限。为了计算上限和下限，本书使用了所有 20 个被调查者的 CFPR 模型的计算结果，如表 5 – 16（输入变量）和表 5 – 17（输出变量）所示。

表 5 – 16　　　　　所有受访者的输入变量的 CFPR 权重

受访者	输入变量					
	登机口数量（C1）	航站楼面积（C2）	跑道数量（C3）	飞机停泊位（C4）	投入资金（C5）	航线数量（C6）
1	0.414	0.284	0.484	0.602	0.484	0.733
2	0.350	0.324	0.458	0.629	0.521	0.718
3	0.426	0.295	0.426	0.613	0.495	0.744
4	0.365	0.335	0.488	0.611	0.488	0.713
5	0.648	0.343	0.718	0.551	0.218	0.523
6	0.544	0.328	0.367	0.544	0.544	0.672
7	0.362	0.379	0.513	0.513	0.588	0.646
8	0.329	0.321	0.410	0.537	0.617	0.786
9	0.543	0.369	0.321	0.457	0.593	0.717
10	0.554	0.363	0.554	0.554	0.446	0.529
11	0.489	0.472	0.739	0.489	0.239	0.571
12	0.562	0.415	0.370	0.472	0.600	0.582

续表

受访者	输入变量					
	登机口数量（C1）	航站楼面积（C2）	跑道数量（C3）	飞机停泊位（C4）	投入资金（C5）	航线数量（C6）
13	0.542	0.546	0.542	0.357	0.542	0.470
14	0.422	0.296	0.422	0.532	0.601	0.728
15	0.518	0.354	0.482	0.482	0.579	0.585
16	0.494	0.364	0.494	0.494	0.584	0.568
17	0.475	0.352	0.475	0.475	0.585	0.638
18	0.500	0.303	0.500	0.500	0.500	0.697
19	0.506	0.324	0.506	0.335	0.551	0.778
20	0.475	0.352	0.475	0.475	0.585	0.638

表 5 –17　　　　　所有受访者的输出变量的 CFPR 权重

受访者	输出变量		
	货物吞吐量（C_7）	旅客吞吐量（C_8）	飞机起降量（C_9）
1	0.426	0.726	0.348
2	0.380	0.810	0.310
3	0.426	0.726	0.348
4	0.380	0.810	0.310
5	0.250	0.500	0.750
6	0.374	0.752	0.374
7	0.546	0.546	0.409
8	0.414	0.673	0.414
9	0.426	0.726	0.348
10	0.231	0.538	0.731
11	0.266	0.469	0.766
12	0.426	0.726	0.348
13	0.667	0.667	0.167

续表

受访者	输出变量		
	货物吞吐量（C_7）	旅客吞吐量（C_8）	飞机起降量（C_9）
14	0.454	0.454	0.591
15	0.769	0.462	0.269
16	0.500	0.500	0.500
17	0.586	0.586	0.327
18	0.327	0.586	0.586
19	0.311	0.689	0.500
20	0.333	0.833	0.333

下一步是计算输入变量和输出变量的权重比。其中 $C_1 - C_6$ 为输入变量，如表 5-16 所示；$C_7 - C_9$ 为输出变量，如表 5-17 所示。上限是用两个评价因素之间的最高权重比来定义的。相反，下限是用两个标准之间的最小权重比来设定的。例如，就 C_1 和 C_2 的权重比而言，最高比值是由第 5 号受访者计算得出，其值为 $0.648/0.343 = 1.889$。另外，最小的 C_1/C_2 比值为 0.955，来自第 7 号受访者。用同样的方法可以计算剩下的 19 名受访者的 C_1/C_2 比值。因此，比值 C_1/C_2 的上限为 1.889，下限为 0.955。各决定变量权重比率的上限和下限如表 5-18 所示。

表 5-18　　　　各决定变量权重比率的上限和下限

输入变量成对比率	上限	下限	输出变量成对比率	上限	下限
C_1/C_2	1.889	0.955	C_7/C_8	4	0.316
C_1/C_3	1.693	0.662	C_7/C_9	4	0.316
C_1/C_4	1.521	0.557	C_8/C_9	4	0.612
C_1/C_5	2.981	0.534			

续表

输入变量成对比率	上限	下限	输出变量成对比率	上限	下限
C_1/C_6	1.241	0.419			
C_2/C_3	1.150	0.478			
C_2/C_4	1.531	0.471			
C_2/C_5	1.975	0.492			
C_2/C_6	1.160	0.387			
C_3/C_4	1.521	0.674			
C_3/C_5	3.299	0.541			
C_3/C_6	1.373	0.447			
C_4/C_5	2.533	0.609			
C_4/C_6	1.054	0.431			
C_5/C_6	1.153	0.416			

在得到各决定变量权重比率的上限和下限后，再将 DEA-AR 技术应用于各机场，通过比较各专家对输入变量和输出变量的权重组合来评价各机场的性能效率水平。

表 5-19 是 AR-Window-O-C 分析的结果，该表描述了我国 27 座机场的效率水平。通过 2014~2018 年的三个重叠窗口，可以确定我国不同机场的效率水平评价。此外，通过检验表 5-19 的平均效率水平可以看出，2014~2018 年效率是波动的。

表 5-19　　　　　　**AR-Window-O-C 分析结果**

机场	2014 年	2015 年	2016 年	2017 年	2018 年	平均值
北京/首都	0.971	0.975	1.000			0.982
		0.953	0.981	1.000		0.978
			0.944	0.966	1.000	0.970

续表

机场	2014 年	2015 年	2016 年	2017 年	2018 年	平均值
长沙/黄花	1.000	0.908	0.997			0.968
		0.935	1.000	1.000		0.978
			0.997	0.994	0.665	0.885
成都/双流	0.788	0.834	0.882			0.835
		0.837	0.885	0.753		0.825
			0.854	0.724	0.745	0.774
重庆/江北	0.790	0.825	0.863			0.826
		0.800	0.841	0.640		0.760
			0.812	0.614	0.638	0.688
大连/周水子	0.388	0.424	0.432			0.415
		0.404	0.411	0.443		0.419
			0.406	0.439	0.441	0.429
福州/长乐	0.627	0.534	0.411			0.524
		0.523	0.393	0.407		0.441
			0.386	0.401	0.402	0.396
广州/白云	0.929	0.919	0.963			0.937
		0.870	0.907	1.000		0.926
			0.906	0.999	0.643	0.849
贵阳/龙洞堡	0.562	0.604	0.459			0.542
		0.602	0.445	0.506		0.517
			0.432	0.493	0.511	0.479
海口/美兰	0.441	0.480	0.539			0.487
		0.471	0.528	0.607		0.535
			0.507	0.582	0.569	0.553
杭州/萧山	0.736	0.741	0.695			0.724
		0.749	0.681	0.737		0.723
			0.655	0.708	0.737	0.700

续表

机场	2014 年	2015 年	2016 年	2017 年	2018 年	平均值
	0.523	0.591	0.608			0.574
哈尔滨/太平		0.593	0.614	0.680		0.629
			0.605	0.670	0.610	0.628
	0.581	0.656	0.727			0.655
济南/遥墙		0.670	0.744	0.822		0.745
			0.726	0.805	0.440	0.657
	0.680	0.738	0.767			0.728
昆明/长水		0.724	0.752	0.677		0.717
			0.721	0.657	0.708	0.695
	0.809	0.875	0.938			0.874
南京/禄口		0.913	0.962	0.862		0.912
			0.934	0.836	0.764	0.844
	0.420	0.429	0.442			0.430
南宁/武威		0.419	0.431	0.516		0.455
			0.416	0.497	0.515	0.476
	0.911	0.535	0.580			0.675
青岛/流亭		0.508	0.550	0.590		0.550
			0.545	0.585	0.582	0.571
	0.616	0.637	0.667			0.640
三亚/凤凰		0.624	0.654	0.694		0.657
			0.628	0.665	0.680	0.658
	1.000	0.937	0.970			0.969
上海/虹桥		0.919	0.951	0.999		0.956
			0.916	0.962	0.757	0.878
	0.939	0.858	0.906			0.901
上海/浦东		0.840	0.887	0.934		0.887
			0.853	0.899	0.948	0.900

续表

机场	2014 年	2015 年	2016 年	2017 年	2018 年	平均值
沈阳/桃仙	0.513	0.528	0.551			0.531
		0.539	0.564	0.654		0.586
			0.548	0.636	0.663	0.616
深圳/宝安	0.639	0.684	0.695			0.673
		0.668	0.680	0.677		0.675
			0.656	0.651	0.750	0.685
天津/滨海	0.330	0.381	0.398			0.370
		0.374	0.390	0.458		0.408
			0.375	0.440	0.477	0.431
乌鲁木齐/地窝堡	0.580	0.644	0.663			0.629
		0.638	0.658	0.677		0.658
			0.636	0.654	0.428	0.572
武汉/天河	0.481	0.531	0.537			0.516
		0.519	0.526	0.591		0.545
			0.505	0.568	0.605	0.559
厦门/高崎	0.657	0.700	0.723			0.694
		0.691	0.714	0.729		0.711
			0.690	0.706	0.748	0.715
西安/咸阳	0.916	0.924	0.960			0.934
		0.912	0.950	0.938		0.933
			0.923	0.913	0.660	0.832
郑州/新郑	0.688	0.454	0.606			0.583
		0.444	0.593	0.650		0.562
			0.570	0.625	0.718	0.638
平均值	0.686	0.676	0.689	0.702	0.645	

表 5-20 展示了中国 27 座机场在考虑 AR 情况下的效率，其中包括 CFPR 模型中各个参数的权重。总体而言，所有机场的平均效率为 0.684。从表 5-20 中可以看出：（1）北京首都机场是整个时间段内效率最高的机场。北京首都机场第一个窗口期（2014~2016 年）的效率值为 0.982，之后两个窗口期（2015~2017 年和 2016~2018 年）的效率值分别为 0.978 和 0.970。（2）长沙黄花机场在所有目标机场中排名第二，第一个窗口期（2014~2016 年）的效率值为 0.968，第二窗口期（2015~2017 年）为 0.978，第三个窗口期（2016~2018 年）为 0.885。（3）上海虹桥机场占据榜单第三位，三个窗口期的效率得分分别为 0.969、0.956、0.878。在 2014~2016 年和 2015~2017 年期间呈现下降趋势，效率得分较高；而在 2016~2018 年，效率值较低，且低于 0.9。（4）排名前 5 位的机场，包括北京首都机场、长沙黄花机场、上海虹桥机场、广州白云机场和西安咸阳机场的效率值在 3 个窗口期均呈现下降趋势。除排在前 5 名的机场外，其余机场也呈现出类似的下降趋势，包括成都双流机场、重庆江北机场、杭州萧山机场、昆明长水机场、贵阳龙洞堡机场和福州长乐机场。（5）也有很多机场的效率水平呈上升趋势，如厦门长崎机场、深圳宝安机场、三亚凤凰机场、沈阳桃仙机场、武汉天河机场、海口美兰机场、南宁武威机场、大连周水子机场和天津滨河机场等。这些机场中的大多数总体上运行效率不高。（6）将 27 座机场按平均效率水平进行分组，排名前 5 位的机场平均效率值均大于 0.9，为高效机场；而排在第 6~12 位的机场，即上海浦东机场、南

京禄口机场、成都双流机场、重庆江北机场、杭州萧山机场、昆明长水机场和厦门高崎机场的平均效率水平在 0.7 ~ 0.9 之间；排名第 13 ~ 17 位的机场，包括济南遥墙机场、深圳宝安机场、三亚凤凰机场、乌鲁木齐地窝堡机场和哈尔滨太平机场的效率值在 0.6 ~ 0.7 之间；其余 10 座机场（排名第 18 ~ 27 位）的效率值不高，小于 0.6，被认为是低效机场。

表 5 - 20　　　　　AR-Window-O-C 的效率平均值

机场	2014 ~ 2016 年	2015 ~ 2017 年	2016 ~ 2018 年	平均值	排名
北京/首都	0.982	0.978	0.970	0.977	1
长沙/黄花	0.968	0.978	0.885	0.944	2
上海/虹桥	0.969	0.956	0.878	0.934	3
广州/白云	0.937	0.926	0.849	0.904	4
西安/咸阳	0.934	0.933	0.832	0.900	5
上海/浦东	0.901	0.887	0.900	0.896	6
南京/禄口	0.874	0.912	0.844	0.877	7
成都/双流	0.835	0.825	0.774	0.811	8
重庆/江北	0.826	0.760	0.688	0.758	9
杭州/萧山	0.724	0.723	0.700	0.715	10
昆明/长水	0.728	0.717	0.695	0.714	11
厦门/高崎	0.694	0.711	0.715	0.706	12
济南/遥墙	0.655	0.745	0.657	0.686	13
深圳/宝安	0.673	0.675	0.685	0.678	14
三亚/凤凰	0.640	0.657	0.658	0.652	15
乌鲁木齐/地窝堡	0.629	0.658	0.572	0.620	16
哈尔滨/太平	0.574	0.629	0.628	0.610	17

续表

机场	2014 ~ 2016 年	2015 ~ 2017 年	2016 ~ 2018 年	平均值	排名
青岛/流亭	0.675	0.550	0.571	0.599	18
郑州/新郑	0.583	0.562	0.638	0.594	19
沈阳/桃仙	0.531	0.586	0.616	0.578	20
武汉/天河	0.516	0.545	0.559	0.540	21
海口/美兰	0.487	0.535	0.553	0.525	22
贵阳/龙洞堡	0.542	0.517	0.479	0.513	23
福州/长乐	0.524	0.441	0.396	0.454	24
南宁/武威	0.430	0.455	0.476	0.454	25
大连/周水子	0.415	0.419	0.429	0.421	26
天津/滨海	0.370	0.408	0.431	0.403	27

图 5 – 5 显示了 DEA-Window-AR 分析的不同窗口期的效率值变化趋势。从图 5 – 5 中可以总结出：（1）从整体来看，27 座目标机场的平均效率水平有明显的下降趋势，这说明排名靠前的机场其平均效率水平要远远高于排名靠后的机场。（2）各机场在三个窗口期的变化趋势各有不同。其中，有 10 座机场在所有三个窗口期呈现出良好的增长趋势，如沈阳桃仙机场、武汉天河机场、海口美兰机场、南宁武威机场等；且大部分机场的效率水平处于低水平梯队。这从侧面反映出低效率水平机场具有很强的发展潜力，如果政府资金支持、政策制度支持、技术设施到位，则其发展为高效率水平机场指日可待。（3）11 座机场在整个过程中呈现下降趋势，如北京首都机场、上海虹桥机场、广州白云机场、成都双流机场、重庆江北机场等，大

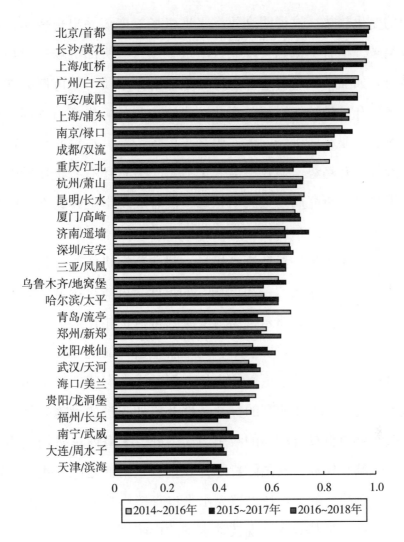

图 5 - 5　不同窗口期的效率值变化趋势

多数机场在榜单中处于高效率机场梯队。以北京首都机场为例，该机场排名第一，各窗口期效率值差异不大，呈现出下降趋势。同样的情况也发生在昆明长水机场。此外，上海虹桥机场前两期表现相似，但第三期效率水平明显下降，长沙黄花机场、广州白云机场、西安咸阳机场和成都双流机场也呈现出类似的变化趋势。这说明高效率水平机场发展似乎出现瓶颈，难以突破，稍有不慎则会降低效率水平。这些头部机场应寻找突破口，如加入机场群建设，靠周边辐射作用及与城市群共同发展来提升自身的发展与效率性。（4）厦门长崎机场与深圳宝安机场、三亚凤凰机场、大连周水子机场一样，在每两个窗口期之间呈上升趋势，但效率值变化不大。（5）还有些机场的效率水平在整个研究期内呈波动状态，没有表现出上升或下降的趋势，包括上海浦东机场、南京禄口机场、济南遥墙机场、乌鲁木齐地窝堡机场、青岛流亭机场、郑州新郑机场等。其中，上海浦东机场因存在"一市两场"的情况，可能是影响其效率性波动的原因，上海浦东机场与上海虹桥机场相比远离市区，不论是从人口覆盖、消费水平、还是航空公司的选择方面，似乎上海虹桥机场占据了更好的先机；但是，上海浦东机场作为新机场往往具备更加便利的交通条件及更加先进的设施条件，这对航空公司也具有较高的吸引力。另外，上海浦东机场主要承运国际航空任务，其国际货邮吞吐量以东南亚地区为主，西欧次之。对接目的地市场的贸易水平也直接影响浦东机场的效率表现，这也是其效率呈现波动水平的影响因素。实际上，上海虹桥机场因老机场资源能力限制问题的通病，近年来增长速度较为迟缓；而上海浦东机场在 2017 年突破了 7000 万人次旅客吞吐量后增速也开始减缓，因此呈现出一种波动的变化率。

表 5-21 描述了每座选定年份的每个机场的效率值，整个时期（五年）的平均效率，以及基于效率平均值的排名情况。通过表格可以看出：（1）有三座机场在五年的一个时间段内表

现高效，获得了 1.000 的效率水平，分别是北京首都机场、上海虹桥机场和长沙黄花机场。（2）平均效率值最高 DMU 的是北京首都机场，该机场在 2018 年表现出了最高的效率（效率值为 1.000）；其他四年的效率水平分别为 0.971、0.964、0.975 和 0.983，均为高效率表现。且在五年的目标期内，北京首都机场的效率值均在 0.9 以上，表现出众。（3）占据榜单第二名的是上海虹桥机场，其效率值在 2014 年达到 1，与排名第三的长沙黄花机场表现相同。然而，二者在剩余年份的效率值则处于不同的水平。上海虹桥机场的剩余效率得分分别为 0.928、0.945、0.981 和 0.757。除了 2018 年的效率值低于 0.8 外，其余三个值均高于 0.9。而长沙黄花机场的剩余效率值分别为 0.921、0.998、0.997 和 0.665。其中三个值大于 0.9，但有一个值远远小于 0.9，即 2018 年的 0.665。（4）上海浦东机场排名第四，其效率最高值为 0.948，于 2018 年取得。而排在第五位的广州白云机场，其效率得分最高值为 0.999，于 2017 年获得。但是，广州白云机场在 2018 年的表现稍有逊色，获得了五年内效率的最低得分，即 0.643。（5）此外，从 5 年数据的平均值来看，有四座机场获得了大于 0.9 的效率值，这四座机场即占据榜单前四位的机场；其次，有三座机场的效率得分在 0.8 ~ 0.9 之间，包括广州白云机场、西安咸阳机场和南京禄口机场；有五座机场的效率值在 0.7 ~ 0.8 之间，在表中排在第 8 ~ 12 位；6 座机场处于效率水平在 0.5 ~ 0.6 之间的组别；剩下 9 座机场运行效率相对较低，其效率值均在 0.6 以下。

表 5－21　　　　　按 AR-Window-O-C 的期限计算的平均值

机场	2014 年	2015 年	2016 年	2017 年	2018 年	平均值	排名
北京/首都	0.971	0.964	0.975	0.983	1.000	0.979	1
上海/虹桥	1.000	0.928	0.945	0.981	0.757	0.922	2
长沙/黄花	1.000	0.921	0.998	0.997	0.665	0.916	3
上海/浦东	0.939	0.849	0.882	0.917	0.948	0.907	4
广州/白云	0.929	0.895	0.925	0.999	0.643	0.878	5
西安/咸阳	0.916	0.918	0.945	0.926	0.660	0.873	6
南京/禄口	0.809	0.894	0.945	0.849	0.764	0.852	7
成都/双流	0.788	0.835	0.874	0.738	0.745	0.796	8
重庆/江北	0.790	0.813	0.838	0.627	0.638	0.741	9
杭州/萧山	0.736	0.745	0.677	0.723	0.737	0.724	10
昆明/长水	0.680	0.731	0.746	0.667	0.708	0.707	11
厦门/高崎	0.657	0.696	0.709	0.717	0.748	0.705	12
深圳/宝安	0.639	0.676	0.677	0.664	0.750	0.681	13
三亚/凤凰	0.616	0.631	0.650	0.680	0.680	0.651	14
济南/遥墙	0.581	0.663	0.732	0.813	0.440	0.646	15
青岛/流亭	0.911	0.522	0.559	0.588	0.582	0.632	16
郑州/新郑	0.688	0.449	0.590	0.638	0.718	0.616	17
哈尔滨/太平	0.523	0.592	0.609	0.675	0.610	0.602	18
乌鲁木齐/地窝堡	0.580	0.641	0.652	0.665	0.428	0.593	19
沈阳/桃仙	0.513	0.534	0.555	0.645	0.663	0.582	20
武汉/天河	0.481	0.525	0.523	0.579	0.605	0.542	21
贵阳/龙洞堡	0.562	0.603	0.445	0.499	0.511	0.524	22
海口/美兰	0.441	0.475	0.525	0.594	0.569	0.521	23
福州/长乐	0.627	0.529	0.397	0.404	0.402	0.472	24
南宁/武威	0.420	0.424	0.430	0.506	0.515	0.459	25
大连/周水子	0.388	0.414	0.416	0.441	0.441	0.420	26
天津/滨海	0.330	0.378	0.388	0.449	0.477	0.404	27

图5-6显示了各DMU各年平均效率的变化趋势。从图5-6中可以得出以下结论：（1）所选27座样本机场的总体效率趋势是下降的，中间略有波动，主要是受济南遥墙机场和青岛流

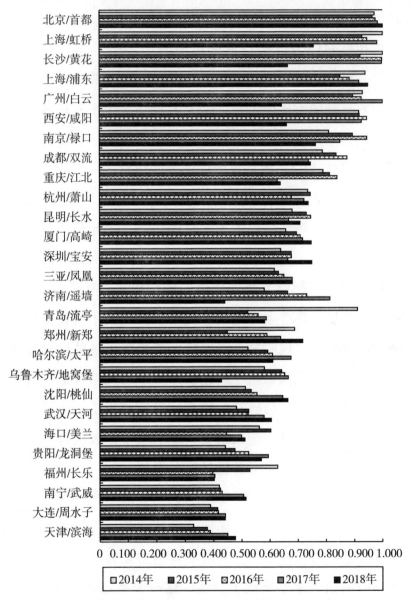

图5-6 不同年份的效率值变化趋势

亭机场的影响。值得一提的是，这两座机场都位于山东省，这与山东省政府的扶持、政策的支持是分不开的。山东省农产品出口连续 20 年居全国首位，在数量上占全国农产品出口的 1/4，单农产品就为山东省贡献了极大的货物出口份额。同时，山东省积极响应习近平总书记提出的"一带一路"倡议，与"一带一路"沿线国家深度合作。促进与"一带一路"沿线国家国际贸易额的大比例攀升。这大大提高了山东省机场的运行效率，而其中两大主要机场——济南遥墙机场和青岛流亭机场表现尤为明显。（2）根据每座机场的变化趋势（并非每座机场在研究期间的表现都有明显的上升或下降趋势），重庆江北机场、郑州新郑机场、乌鲁木齐地窝堡机场、福州长乐机场等机场的效率水平在不同年份间波动较大。（3）上海虹桥机场、长沙黄花机场、广州白云机场、西安咸阳机场、重庆江北机场、济南遥墙机场、乌鲁木齐地窝堡机场、福州长乐机场等机场近一两年的效率值出现明显下降。这可能是由于其他运输方式的竞争所导致的。我国铁路、高速公路及水运网络日渐完善，其效率水平节节攀升。与航空运输相比具有成本低、运量大、准点率高等优势。所以一些机场受其影响效率性表现可能出现下降趋势。这其中当然也有各机场自身发展的原因，例如，上海虹桥机场如上文分析，主要是因老机场资源能力受限，导致其效率值下降。而广州白云机场地处珠江三角洲，是我国航空物流量最发达的机场群之一，其市场竞争力尤为激烈。且珠三角区域内航司相关业务形成了分流，这一举措加剧了市场竞争，稍有疏忽便会面临市场份额下降的风险，这也是造成广州白云机场效率性呈下降趋势的原因。但是，2018 年广州白云机场 T2 航站楼的投入使用成为一个契机，通过融合更多高科技，如增加自助设备提升航站楼运作能力来提高机场运行效率，其效率性有望提高。（4）27 座样本机场中，有 10 座机场在五年时间内表现稳定，各年度效率得分波动不大，其中包括北京首都机场、上海浦东机场、杭州萧山机场、昆明长水机场、厦门高崎机场、深圳宝安机场、三亚凤凰机场、哈尔滨太平机场、武汉天河机场和大连周水子机场，这其中大部分机场位于高效率梯队中，说明高效率机场的发展接近饱和，若无新的政策扶持或资金投入很难再有突破，且高效率机场与低效率梯度机场相比表现更为稳定，若无较大因素影响（如新冠疫情等公共突发事件）就可以保证稳定的发展。

分析与讨论

6. 1

两种模型分析结果对比

考虑各选择因子的优先级权重，通过比较 Window-DEA 模型和 DEA-Window-AR 模型的结果发现，有些机场的排名略有变化，而有些机场的效率值变化较大。表 6 – 1 总结了这两种模型的对比结果。如果以"效率得分大于 0.9"作为"高效机场"的标准，则在 Window-DEA 模型分析下，有 16 座机场被证明是高效机场；然而，采用 DEA-Window-AR 模型后，这一数字减少到 5 个。这与两种不同技术在整个研究期间的平均效率水平是一致的，Window-DEA 模型分析下的平均效率水平为 0.882，而 DEA-Window-AR 模型综合分析的平均效率水平为 0.684。因此，AR 模型的应用可以提高判别能力，这一点可以通过标准差（SD）值进一步证明（Lai et al.，2015）。结果表明：Window-DEA 模型的标准差为 0.121，而 DEA-Window-AR 模型的标准差为 0.170。

表 6 – 1　　两种模型下机场平均效率得分的比较

机场	Window-DEA 模型		DEA-Window-AR 模型	
	平均效率值	排名	平均效率值	排名
北京/首都	0.999	1	0.977	1
长沙/黄花	0.997	2	0.944	2
上海/浦东	0.996	3	0.896	6

续表

机场	Window-DEA 模型		DEA-Window-AR 模型	
	平均效率值	排名	平均效率值	排名
南京/禄口	0.991	4	0.877	7
西安/咸阳	0.989	5	0.900	5
青岛/流亭	0.986	6	0.599	18
广州/白云	0.979	7	0.904	4
三亚/凤凰	0.978	8	0.652	15
上海/虹桥	0.970	9	0.934	3
厦门/高崎	0.970	10	0.706	12
哈尔滨/太平	0.954	11	0.610	17
昆明/长水	0.915	12	0.714	11
武汉/天河	0.915	13	0.540	21
成都/双流	0.913	14	0.811	8
重庆/江北	0.908	15	0.758	9
深圳/宝安	0.907	16	0.678	14
济南/遥墙	0.899	17	0.686	13
大连/周水子	0.897	18	0.421	26
杭州/萧山	0.859	19	0.715	10
沈阳/桃仙	0.850	20	0.578	20
海口/美兰	0.802	21	0.525	22
乌鲁木齐/地窝堡	0.795	22	0.620	16
郑州/新郑	0.785	23	0.594	19
贵阳/龙洞堡	0.748	24	0.513	23
福州/长乐	0.637	25	0.454	24
天津/滨海	0.601	26	0.403	27
南宁/武威	0.570	27	0.454	25
所有 DMU 的平均效率值	0.882		0.684	
标准差	0.121		0.170	

6. 2

使用 AR 模型加权后两种分析结果对比

将 AR 模型纳入本书使用的整合方法中，目的是为每个 DMU 制定一个权重范围，这也将避免极端的权重分布（Lai et al.，2015）。研究表明：当使用保证区域（AR）考虑权重时，结果更具有逻辑性和可靠性（Lai et al.，2015；Thompson et al.，1990；Yu and Lee，2013；Liu，2008；Zhou et al.，2012），因为在不考虑优先权重的情况下，在低重要性因素上获得较高效率值的机场会被认为是低效机场，但实际上可能是高效的；相反，在高重要性因素上获得较低效率值的机场会被认为是高效机场，但实际上可能是低效的。从本书结果来看，采用 AR 模型加权的效率排名更为可靠。表 6－2 列出了两个模型相对比、排名差异较大的机场，从表中可以看出，采用 AR 加权后，排名下降的机场主要位于中国北部地区，包括青岛流亭机场、哈尔滨太平机场和大连周水子机场。在 Window-DEA 模型分析中，这三座机场的排名分别为第 6 名、第 11 名和第 13 名；而当考虑 AR 模型的加权后，这三座机场的排名分别为第 18 名、第 17 名和第 26 名。这表明，虽然这三座机场在没有考虑权重的情况下均表现为高效，但它们只在重要性较低的因素下效率值较高。而对于高重要性因素方面的表现，即旅客总数、货物吞吐量及飞机起降量，这三座北方机场在 27 个选定的机场中均位于较低的范围。因此，当使用 AR 加权计算时，它们在高重要性因素下的缺点被进一步扩大，所以排名比原来进一步下降。这三座机场对于高重要性评价标准的平均排名如表 6-3 所示。

相比之下，排名上升的机场主要位于中国南部地区，分别为上海/虹桥机场、成都/双流机场、重庆/江北机场和杭州/萧山机场。这些机场经历了相反的变化。这一结果表明，在评估平价指标的重要性时，这些机场运行较好；然而，三亚凤凰机场被认为是一个例外，应结合特殊情况进行分析。凡等（Fan et al.，2014）对中国 20 座机场进行了效率分析，结果显示位于中国南部的机场在效率上处于较高的区间。因此，新的排名相对更可靠、更合理。

以前的研究结果表明，通过规模来区分机场的关键概念是使用实物产出来衡量经济规模，这里实物产出指的是处理的货物和服务的数量（Hazledine and Bunker，2013）。工作量单位（WLUs）的数量被作为衡量标准（Jiang et al.，2019）。本书选取总乘客数量作为机场规模的衡量标准，将 27 座目标机场按照每个机场的旅客数量分为三组。其中，旅客吞吐量超过 4000 万人次的机场归为第一组机场，为 2018 年榜单的前 9 位机场；而客运量在 2100 万～4000 万人次之间的机场被划分为第二组机场，即排名在第 10～19 位的 10 座机场；2018 年总乘客运输量低于 2100 万人次的机场被归为第三组机场，也就是榜单上最后 8 座机场。通过比较三组机场在常规 Window-DEA 模型和 CFPR/DEA-Window-AR 整合模型下的表现，可以得出以下结论：在常规 Window-DEA 模型分析下，第一组机场的效率几乎为100%。而第二组机场的效率得分在每个窗口期都有所不同，但都维持在80%以上。然而，第三组机场的效率水平呈现出更大程度的波动，但效率值均在60%以上。相反，在 DEA-Window-AR 整合模型的组合下，第一组机场中排名前三的机场效率较高，其余机场效率均在80%以上。第二组机场的效率水平表明所有机场的表现相近。而第三组机场的效率相对较低，效率得分在40%以上。因此，组合方法的计算结果更符合实际情况。

表6-2 两种模型对比排名差异较大的机场

机场	Window-DEA 模型 排名	DEA-Window-AR 模型 排名
排名下降的机场		
青岛/流亭	6	18
哈尔滨/太平	11	17
大连/周水子	18	26
三亚/凤凰	8	15
排名上升的机场		
上海/虹桥	9	3
成都/双流	14	8
重庆/江北	15	9
杭州/萧山	19	10

表6-3 北部三座机场在高重要性因素方面的平均排名

机场 \ 变量	旅客吞吐量	货物吞吐量	飞机起降量
青岛/流亭	15	15	16
哈尔滨/太平	16	16	14
大连/周水子	24	19	23

6. 3

结果验证

为了验证这一结果，本书试图通过其他影响机场运行效率的因素入手。根据冯等（Fung et al.，2008）的研究，有三个主要因素在影响效率水平上发挥了重要作用，即机场位置、机场地位和机场所有权。凡等（Fan et al.，2014）也认为这三个特征是解释机场效率表现的可能原因。因此，本书也遵循这一规律来分析中国机场的效率绩效。表6-4展示了27座机场的平均效率水平和排名，以及所有权、机场集团和状态的信息。在排名前五位的机场中，包括北京首都机场、上海虹桥机场、长沙黄花机场、上海浦东机场和广州白云机场，除长沙黄花机场外，其余4座机场均为上市机场，在国际枢纽机场中占有一席之地。这种规律性表明，如果根据不同状态，或者不同所有权来计算平均效率值，可能会发现更多的启示和规律。例如，如果根据机场状态（国际枢纽机场、区域性枢纽机场，以及非枢纽机场）来总结其效率值规律可得出：国际枢纽机场的平均效率值最高，为0.873，其次是区域枢纽机场，为0.781，非枢纽机场为0.677；如果根据机场所有权（是否为上市公司）为依据来观察其效率值可得出：上市机场的平均效率得分为0.845，高于非上市机场的0.632；此外，若根据机场所属集团为依据来划分可总结出：27座目标机场根据位置可分为5座机场集团，即北部机场集团、东部机场集团、中部和南部机场集团、西北部机场集团和西南部机场集团。5 座机场群的平均效率水平分别为 0.597、0.732、0.858、0.733 和 0.692。这意味着，中国中部和南部的机场比其他地区的效率更高。

表 6 – 4　　　　　　　我国 27 座机场的相关信息

排名	机场	效率平均值	所有权	所属集团	状态
1	北京/首都	0.979	上市公司	北部	国际枢纽机场
2	上海/虹桥	0.922	上市公司	东部	国际枢纽机场
3	长沙/黄花	0.916	非上市公司	中部和南部	非枢纽机场
4	上海/浦东	0.907	上市公司	东部	国际枢纽机场
5	广州/白云	0.878	上市公司	中部和南部	国际枢纽机场
6	西安/咸阳	0.873	非上市公司	西北部	区域性枢纽机场
7	南京/禄口	0.852	非上市公司	东部	非枢纽机场
8	成都/双流	0.796	非上市公司	西南部	区域性枢纽机场
9	重庆/江北	0.741	非上市公司	西南部	区域性枢纽机场
10	杭州/萧山	0.724	非上市公司	东部	非枢纽机场
11	昆明/长水	0.707	非上市公司	西南部	区域性枢纽机场
12	厦门/高崎	0.705	上市公司	东部	非枢纽机场
13	深圳/宝安	0.681	上市公司	中部和南部	国际枢纽机场
14	三亚/凤凰	0.651	非上市公司	中部和南部	非枢纽机场
15	济南/遥墙	0.646	非上市公司	东部	非枢纽机场
16	青岛/流亭	0.632	非上市公司	东部	非枢纽机场
17	郑州/新郑	0.616	非上市公司	中部和南部	区域性枢纽机场
18	哈尔滨/太平	0.602	非上市公司	北部	非枢纽机场
19	乌鲁木齐/地窝堡	0.593	非上市公司	西北部	区域性枢纽机场
20	沈阳/桃仙	0.582	非上市公司	北部	区域性枢纽机场
21	武汉/天河	0.542	非上市公司	中部和南部	区域性枢纽机场
22	贵阳/龙洞堡	0.524	非上市公司	西南部	非枢纽机场
23	海口/美兰	0.521	非上市公司	中部和南部	非枢纽机场

续表

排名	机场	效率平均值	所有权	所属集团	状态
24	福州/长乐	0.472	非上市公司	东部	非枢纽机场
25	南宁/武威	0.459	非上市公司	中部和南部	非枢纽机场
26	大连/周水子	0.420	非上市公司	北部	非枢纽机场
27	天津/滨海	0.404	非上市公司	北部	非枢纽机场

资料来源：中国民用航空局。

6.4

显著性检验

在没有统计学检验的情况下，这些发现不足以得出"具有较高平均效率值的一类机场，其运行效率更高"这样的结论。因此，本书提出四个假设来检验不同组别之间的机场效率是否存在显著差异：

假设一：国际枢纽机场的效率表现与区域枢纽机场相同；

假设二：国际枢纽机场的效率表现与非枢纽机场相同；

假设三：区域枢纽机场的效率表现与非枢纽机场相同；

假设四：上市机场的效率表现与非上市机场相同。

检验结果如表 6-5 所示，根据结果可以得出：在 0.05 显著水平上，有统计证据可以拒绝假设一、假设二和假设四，这表明国际枢纽机场的效率显著高于区域枢纽机场和非枢纽机场。此外，上市机场的效率明显高于非上市机场。假设三的

p 值大于 0.05，没有显著证据表明区域性枢纽机场的绩效优于非枢纽机场。张（Zhang，2010）认为，中国机场航空网络呈出现点对点（直接连接）的结构；而国际枢纽机场，即北京首都机场、上海浦东机场、广州白云机场、深圳保安机场等，具有很强的间接连接结构。这表明中国航空工业发展缓慢，采用的是枢纽—辐条结构（Huang and Wang，2017）。更多的连接有助于带来一系列好处，包括更高的机场效率。因此，为提高机场效率，区域性枢纽机场和非枢纽机场应与国际枢纽机场建立互联互通，增加间接互联互通。这样一来，区域性枢纽机场和非枢纽机场将能够获得更多的竞争力。

表 6 - 5　　　　　　　　　　假设检验结果总结

假设	p-Value
假设一：Mean（IHub）= Mean（RHub）	0.014
假设二：Mean（IHub）= Mean（NHub）	0.003
假设三：Mean（RHub）= Mean（NHub）	0.269
假设四：Mean（Listed）= Mean（Non-Listed）	0.003

6.5

Wilcoxon-Mann-Whitney 秩和检验

此外，在周等（Zhou et al.，2012）的研究基础上，采用 Wilcoxon-Mann-Whitney 秩和检验来检验不同区位的机场群之间是否存在显著性差异，结果如表 6 - 6 所示。假设检验结果表明，所有的数值均大于 0.05，这表明一座机场的效率在不同区位间差异不显著。

表 6 - 6　　　　Wilcoxon-Mann-Whitney 秩和检验综述

区域	北部	东部	中部和南部	西北部	西南部
北部		0.143	0.380	0.439	0.327
东部			0.294	0.794	0.865
中部和南部				0.794	0.497
西北部					0.643

第 7 章<<

研究结论与未来展望

>> ---------------------------------

研究结论

政策建议

研究局限性和未来展望

---------------------------------- >>

7.1

研究结论

我国航空运输业近几年来飞速发展，机场作为民航运输业的重要节点，在客货运输中扮演着非常重要的角色，且能带动所处城市经济的快速发展。其运营效率对航司、旅客、机场自身的建设和发展，甚至对整个航空运输业都至关重要。分析机场效率的主要目的是改善运营管理，其结果可以为政策制定者、学者和实践者提供启示。本书首先基于专家团队意见构建起机场效率评价指标体系，选取中国旅客吞吐量排名前 27 位的机场（旅客吞吐量超过 2000 万人次）作为研究对象，采用 6 个输入变量和 3 个输出变量，运用多准则决策方法的一种（CFPR 模型）与 DEA 模型的衍生方法（DEA-Window-AR）整合模型，从投入—产出的角度对 2014～2018 年 27 座样本机场的运行效率进行实证研究，来分析探讨各样本机场的运营情况、效率差异及影响因素，能够做到全面评价机场运行效率，并探讨我国机场运行中存在的规律，为机场的相关研究提供新的思路。机场运行效率整合评估结果能够客观反映我国机场整体运行水平。通过评估结果分析得出，我国机场的整体运行效率较高，但仍有部分机场效率值偏低。效率表现偏低的机场有很大的发展潜力，应进一步优化资源配置，提高运行效率。

为了分析将 CFPR 模型集成到 DEA 模型的整合方法对机场效率分析方面的影响，本书分别使用单一的 Window-DEA 模型和 CFPR/DEA-Window-AR 整合模型对样本机场进行了两次效率分析。结果表明，虽然单一 Window-DEA 模型分析可以评估截面和时变数据下的动态效率（Wang et al.，2013），但是，整合方法得出来的结果相比单一方法更为合理及准确，这是因为伴随着 CFPR 模型的使用，在相关领域具有丰富经验的专家的评估意见也被纳入分析过程中，实现定性分析与定量分析相结合，从而能够产生更可靠的结果。此外，DEA-AR 模型的应用使得分析的判别能力得到了质的提高，进一步提升了指标赋权的合理性及准确性，以避免评价因子被高估、影响因素过度敏感及信息丢失的负面影响。由此可见，整合评价法不光可以让单一评价法发挥其作用及优势，同时又可以避免单一评价方法的缺陷而带来的结果的偏差。此外，相比单一的 Window-DEA 模型的分析结果，结合 CFPR 模型和 DEA-AR 模型后，机场排名发生了变化。部分机场排名变化较小，变化在正负三个名次之内，而部分机场变化较大。这是因为在评估的过程中，有些重要性较高的评估变量的权重被低估了，而有些重要性较低的评估变量的权重被高估了。因此，将偏好权重纳入评估指标能够增强评估结果的准确性及合理性，与所有评估变量拥有同等权重相比，所得到的研究结果更具参考意义。模糊 MCDM 分析法和 DEA 模型的集成被证明是开发可靠分析的更优选择，建议在机场效率性的研究中加入 MCDM 分析法，有助于提高结果的可靠性及准确性。

根据 CFPR 模型所计算的权重结果表明，"航线数量（C_6）"在所有输入变量中偏好值最高，而"旅客吞吐量（C_8）"是所有输出变量中最重要的评估变量。而基于加权变量进行的 DEA 评估分析将 27 座样本机场分成了三个梯队：第一梯队包括北京/首都机场、上海/虹桥机场等；第二梯队包括杭州/萧山机场、昆明/长水机场等；第三梯队包括沈阳/桃仙机场、海口/美兰机场等。第一梯队机场相对具有更多的可以保障机场高效运行的条件，如先进的配套设施设备、多年大型机场的运营经验、实力雄厚的合作伙伴等；第二梯队的机场虽然各项保障条件与第一梯队机场相比稍逊色，但大多地处经济发达地区，腹地城市的经济发展也可以为机场的高效运行保驾护航；而位于第三梯队的机场除了不具备第一梯队机场的运营条件，且大多数地处经济欠发达地区，其腹地经济很难为机场的建设和发展提供保障，从而使得其运行效率值较低。

为了验证评估结果，本书从所有制、商业化和地方化三个角度出发对样本机场的运行表现进行显著性检验和轶和检验，因为这三个因素已被认为是影响机场效率水平表现的重要因素（Francis et al.，2002 年）。得出的验证结果与本书结果一致，具体表现为：首先，验证分析结果表明国际枢纽机场的绩效高于区域枢纽机场和非枢纽机场，尽管三者之间的差异不显著；而本书结果将机场分为三个梯队，第一梯队大部分机场为国际枢纽机场或区域枢纽机场，第二梯队、第三梯队机场大部分为非枢纽机场。其次，上市机场的效率远高于非上市机场；本书验证结果为：第一梯队里大部分机场为上市机场。因此，验证结果可以从侧面证实本书结果的可靠性和合理性。

7.2

政策建议

正确评估机场运行效率可以为机场当局加强机场管理与建设等提供决策依据（如选择合适的时间进行扩建），也能为地区政府制定临空经济发展与规划提供一定的意见参考。因此，本书对研究结果提出了几个不同方面的建议。

7.2.1　理论意义

本书所使用的研究方法、理论模型、影响变量等可以为后续机场效率性评估的研究提供一定的理论依据。（1）本书使用单一 DEA-Window 模型及 CFPR/Window-DEA-AR 整合模型分别对机场效率性进行分析，对比结果表明整合模型的研究结论更可靠。因此建议在机场效率性的研究中，基于效率分析模型（如传统的 DEA 模型）的基础上加入 MCDM 分析法，对评估变量进行赋权，有助于提高结果的可靠性及准确性。

（2）本书选取的 CFPR 模型是众多 MCDM 分析法中的一种，相比现有文献中比较常用的层次分析法和 TOPSIS 分析法，CFPR 模型有很多优势。且本书证明 CFPR 模型与效率分析模型的结合能够得到更准确、更合理、更可靠的评估结果。因此，在评估机场效率性的研究中可以考虑将 CFPR 模型作为组合分析模型的一种。

（3）本书通过梳理现有文献及加入专家的专业见解，选取了 9 个针对机场运行效率的影响因素，包括 6 个输入变量和 3 个输出变量，这可以为今后评估机场效率的研究提供变量选取依据。

7.2.2　实践意义

进行机场运行效率的研究对提高机场管理能力、运营能力，以及增加对机场的建设具有一定的指导意义。

（1）从整体来看，机场运行效率与其所处地理位置及腹地城市经济发展高度相关。位于第一梯队的机场大多处于三大机场群中，例如，位于京津冀机场群的北京/首都机场，位于长三角机场群的上海/浦东国际机场、杭州/萧山机场，位于粤港澳大湾区机场群的广州/白云机场等。这类机场应充分发挥机场群的综合发展、互相带动作用，依托腹地城市的经济发展，保持稳健的运行及管理，可以加大新技术的应用，优化服务水平，以提高其运营效率。

（2）位于第三梯队的机场大多运营效率较差，亟待提高。这里机场大多位于偏远地区或经济欠发达地区，很难依托其地缘优势或依赖腹地城市经济带动机场发展。机场的建设和发展与腹地城市的经济发展是相辅相成、相互作用的；地方政府应考虑给予充沛的投资资金支援机场建设，以提高其运行效率，从而反向带动地方经济的良好发展。

（3）效率性较差的机场具有较大的发展潜力。机场当局应全面梳理机场在运行过程中存在的问题及漏洞，从经营管理策略、硬件设施、软件服务等方面入手提高机场运行效率。同时，机场当局也可以借鉴周边机场及第一梯队机场的发展经验，通过不断学习与探索，以寻找适合自身的发展方向并制定适合的发展战略。

（4）政策制定者也可以从区域合作路径提升机场运行效率。如前文所述，一座机场在周边机场的支持下比单个机场发展得更快。因此，较低效率区间的民用机场决策者应考虑加入机场联盟以提高运营绩效，特别是在区域经济快速增长的城市地区（Jiang et al.，2019）。在机场群内，效率性较差的机场可以寻求与核心机场的合作与帮助，未在主要机场群内的机场应与周边机场通力合作。机场群是未来机场发展的主流模式，机场群与城市群的发展相辅相成，高效率的机场群可以为所处区域的经济带来正向的推动作用。机场当局应积极建设或加入机场群以提升自身运行效率，并反向促进区域经济发展。

（5）资源互补的机场可分工合作、协同发展，共同寻找适合自身及区域性发展的指导策略，携手提高运行效率。如鄂州花湖机场和天河机场，一个是全球航空货运枢纽机场，另一个是国内国际旅客运输量常年霸榜的机场，二者可携手打造湖北航空的客货运双枢纽（朱昌俊，2022；丁凡，2022）。二者分工明确、相辅相成，共同提升自身运行效率的同时，也可以为我国中部区域发展起到强力的促进作用。

（6）机场的运营要靠航空公司才能发展壮大。因此，机场应与基地航空公司实现通力合作、强强联手。机场应加强与航空公司的合作，主动探寻实力雄厚的基地航空公司的诉求和发展意见，并全力满足航空公司对机场运行、服务、管理的需求，在合作中提升自己，从而提升机场运行效率。除了与实力较强的航司合作，另外一个解决方案是吸引和建立与廉价航空公司（LCCs）的合作关系（Zhang et al., 2017），因为廉价航空公司通常以点对点的航空方式运作。因此，与 LCC 合作可以增加航线的数量，进而增加乘客数量、货物吞吐量和飞机起降量。廉价航空公司提供的较低价格也提高了消费者的可负担性，从而提升了旅客吞吐量。

（7）费尔南德斯、米兰和梅迪纳（Fernandes, Millan and Medina，2018）发现，旅游对机场效率有很强的影响，原因在于位于旅游密集区的机场效率水平较高。例如，全国重点旅游城市——杭州，依托杭州一年四季数量客观、不间断的旅游资源，杭州萧山机场可与旅行社建立快速业务通道，提升杭州航空口岸的高速发展，从而实现萧山机场效率性的提升。因此，地方政府应该考虑发展旅游导向型机场的重要性，即应该分配更多的投资资金，发展更多的基础设施来吸引更多游客。这不仅能提高当地机场的效率，也会对当地经济做出贡献。

（8）需求增长量是机场发展的主要动力，但随着中国区域经济的快速发展，技术效率将成为机场效率评价的一个重要方面。因此，地方政府应该考虑在提高技术效率方面加大投资，为提升机场运行效率提供技术支持，建立起一条快速提升途径。

（9）机场当局也可从发展多式联运的角度入手，与铁路、水路、海运、陆运等建立起多层合作机制。这样既可以解决铁路、水运等分流机场客源、货源的问题，还可以通过合作增加换乘效率以促进机场客运量与货运量的提升，从而实现其运行效率的提升。如 2022 年 7 月刚刚正式投入运营的鄂州花湖机场，由于其临近长江，可以满足水路运输，且鄂州的铁路运输和公路运输都相当完善，这些均为花湖机场建立多式联运体系提供了有利条件和相应保障（张再武、夏隽、罗如意、刘文婷，2022；余飞，2022）。形成空铁联运是花湖机场优于其他货运枢纽机场的有力武器。

7.3

研究局限性和未来展望

本书也具有一定的局限性。本书将 CFPR 模型与 DEA-AR 模型及 Window-DEA 模型整合为一个复合研究模型，各方法之间可以做到扬长避短，从而得到更准确的研究结果。其中，CFPR 模型是 MCMD 分析法中的一种模糊方法，而 DEA 是效率分析的一种模型。两种方法都有各自的优势，当然也有一定的缺点；且这两种方法都有足够的替代技术。未来的研究可以通过不同的多目标决策模型方法和不同的效率分析技术的结合来提供更加深入的见解。同时，新的集成方法可以与本书中使用的 CFPR/DEA-Window-AR 整合模型进行比较，共同探讨一个更为合理的整合模型以得到最优研究成果与研究意义。未来研究的另一个方向可以考虑制定更多层次的输入和输出标准，这将对影响机场管理的一些具体因素产生更详细的见解。另外，空铁联运是当下比较热门的话题，空铁联运既可以解决铁路对航空客货分流的问题，也可以合作共赢提升彼此的运行效率。未来的研究可以从空铁联运等多式联运的角度入手，探讨提升机场效率的有效路径。此外，本书也存在局限性，如在选择的因素上，由于数据的可获得性较低，一些相关变量不得不被排除在外。

参考文献

[1] 丁凡. 关于天河机场与花湖机场协同发展的思考 [J]. 空运商务, 2022 (2): 36 - 41.

[2] 范换利, 刘丹, 王丹丹, 郭娟. 中国机场效率及影响因素研究 [J]. 物流技术, 2018 (10): 48 - 53.

[3] 景崇毅, 宋如博, 吴孟瑶, 卢燕. 基于并行网络 DEA 模型的机场群效率研究 [J]. 地理信息世界, 2022 (2): 99 - 105.

[4] 孔梅. 蓄势待"飞"的天府国际机场 能为成都带来什么? [J]. 先锋, 2021 (5): 46 - 48.

[5] 李根. 北京大兴国际机场对北京市综合交通运输效率的提升作用 [J]. 交通建设与管理, 2019 (4): 76 - 78.

[6] 刘万明. 基于多因素加权灰靶模型的机场生产效率评价 [J]. 民航学报, 2018 (2): 32 - 36.

[7] 马骏伟. 基于 DEA 的我国主要枢纽机场运营效率评价 [J]. 统计与管理, 2017 (3): 80 - 82.

[8] 乔晓莹, 贺瑞瑞. 基于组合熵权秩和比法的机场群运

行效率综合分析［J］. 综合运输，2021（4）：15 – 21，60.

［9］任新惠，孙启玲. 基于 DEA 的长三角与珠三角地区机场运营效率对比分析［J］. 交通企业管理，2011（12）：60 – 62.

［10］谭淑霞，逯宇铎. 区域经济中机场拉动效率的评价指标体系研究［J］. 科技管理研究，2013（13）：70 – 74.

［11］王俊丹，曾小舟，冯琳. 基于 DEA 方法的我国机场运行效率评价［J］. 华东交通大学学报，2017（6）：82 – 89.

［12］谢泗薪，侯蒙. 基于 DEA 的国内主要机场运营效率评价与战略思考［J］. 民航管理，2015（6）：21 – 24.

［13］于剑，黄燕彬，褚衍昌. 机场运营效率的组合评价方法研究［J］. 北京航空航天大学学报（社会科学版），2011（4）：77 – 81.

［14］余飞. 鄂州花湖机场正式投入运营［J］. 中国储运，2022（9）：28 – 29.

［15］张再武，夏隽，罗如意，刘文婷. 鄂州机场高速的"聪明"之处——混合流下湖北首条智慧高速的探索与实践［J］. 中国公路，2022（12）：56 – 59.

［16］朱昌俊. 鄂州起飞［J］. 决策，2022（9）：32 – 35.

［17］宗萍萍，周航，陈凤琴. 青岛胶东国际机场生态海绵城市建设实践［J］. 山东水利，2022（6）：6 – 9.

［18］Assaf A. Bootstrapped scale efficiency measures of UK airports［J］. *Journal of Air Transport Management*，2010a，16（1）：42 – 44.

［19］Assaf A. The cost efficiency of Australian airports post privatization: A Bayesian methodology [J]. *Tourism Management*, 2010b, 31 (2): 267 –273.

[20] Assaf A. George, Gilllen David, Barros Carlos, Performance assessment of UK airports: Evidence from a Bayesian dynamic frontier model [J]. *Transportation Research Part E: Logistics and Transportation Review*, 2012, 48 (3): 603 –615.

[21] Bang H. S. , Kang H. W. , Martin J. , Woo S. H. The impact of operational and strategic management on liner shipping efficiency: A two-stage DEA approach [J]. *Maritime Policy Management*, 2012, 39: 653 –672.

[22] Barak S. , Dahooei J. H. A novel hybrid fuzzy DEA-Fuzzy MADM method for airlines safety evaluation [J]. *Journal of Air Transport Management*, 2018, 73: 134 –149.

[23] Barros C. P. Airports in Argentina: Technical efficiency in a context of economic Crisis [J]. *Journal of Air Transport Management*, 2008, 14 (6): 315 –319.

[24] Barros C. P. , Wanke P. An analysis of African airlines efficiency with two-stage TOPSIS and neural networks [J]. *Journal of Air Transport Management*, 2015, 44 –45, 90 –102.

[25] Chang Y. T. , Park H. S. , Jeong J. B. , Lee J. W. Evaluating economic and environmental efficiency of global airlines: A SBM-DEA approach [J]. *Transportation Research Part D*, 2014, 27, 46 –50.

[26] Chao S. L. , Yu M. M. Hsien W. F. Evaluating the effi-

ciency of major container shipping companies: A framework of dynamic network DEA with shared inputs [J]. *Transportation Research Part A*, 2018, 117, 44 – 57.

[27] Charnes A., Cooper W., Lewin A. Y., Seiford L. M. Data envelopment analysis theory, methodology and applications [J]. *Journal of the Operational Research Society*, 1997, 48 (3): 332 – 333.

[28] Charnes A., Cooper W. W. Preface to topics in data envelopment analysis [J]. *Annals of Operations Research*, 1985 (2): 59 – 94.

[29] Chi-Lok A. Y., Zhang A. Effects of competition and policy changes on Chinese airport productivity: An empirical investigation [J]. *Journal of Air Transport Management*, 2009, 15 (4): 166 – 174.

[30] Cooper W. W., Seiford L. M., Tone T. Introduction to data envelopment analysis and its uses: With DEA-solver software and references [J]. *Springer, New York*, 2006.

[31] Curi C., Gitto S., Mancuso P. The Italian airport industry in transitino: A performance analysis [J]. *Journal of Air Transportation Management*, 2010 (16): 2018 – 2221.

[32] Dalmo M., Peter F. W., Efficiency in rail transport: Evaluation of the main drivers through meta-analysis with resampling [J]. *Transportation Research Part A: Policy and Practice*, 2019 (120): 83 – 100.

［33］Fernandez X. L. , Millan P. C. , Medina B. D. The impact of tourism on airport efficiency: The Spanish case ［J］. *Utilities Policy*, 2018（55）: 52 –58.

［34］Francis G. , Hunphreys I. , Fry J. The benchmarking of airport performance ［J］. *Journal of Air transportation Management*, 2002, 8（4）: 239 –247.

［35］Fung M. K. K. , Wan K. K. H. , Hui Y. V. , Law J. S. Productivity changes in Chinese airports 1995 – 2004 ［J］. *Transportation Research Part E: Logistics and Transportation Review*, 2008, 44（3）: 521 –542.

［36］Ganji S. R. Seyedalizadeh, Rassafi A. A. , Xu, D. L. A double frontier DEA cross efficiency method aggregated by evidential reasoning approach for measuring road safety performance ［M］. *Measurement*, 2019.

［37］Gianfrance F. , Barbara U. , Paolo F. Data envelopment analysis（D. E. A.）for urban road system performance assessment ［J］. *Procedia-Social and Behavioral Sciences*, 2014（111）: 780 – 789.

［38］Graham A. Managing airports: An international perspective, second ed ［M］. Elsevier, UK, 2003.

［39］Gupta P. , Mehlawat M. K. , Aggarwal U. , Charles V. An integrated AHP-DEA multi-objective optimization model for sustainable transportation in mining industry ［M］. *Resource Policy*, 2018.

[40] Han Y. M. , Geng Z. Q. , Zhu Q. X. , Qu Y. X. Energy efficiency analysis method based on fuzzy DEA cross-model for ethylene production systems in chemical industry [J]. *Energy*, 2015 (83): 685 –695.

[41] Han Y. M. , Long C. , Geng Z. Q. , Zhang K. Y. Carbon emission analysis and evaluation of induatrial departments in China: An improved environmental DEA cross model based on information entropy [M]. *Journal of Environmental Management*, 2018, 205, 298 –307.

[42] Hazledine T. , Bunker R. Airport size and travel time [J]. *Journal of Air Transport Management*, 2013 (32): 17 –23.

[43] Hidalgo G. S. , Mateo M. I. Effect of concentration in airline market on Spanish airport technical efficiency [J]. *Journal of Air Transport Management*, 2019 (76): 56 –66.

[44] Huang J. , Wang J. A comparison of indirect connectivity in Chinese airport hubs: 2010 vs. 2015 [J]. *Journal of Air Transport Management*, 2017 (65): 29 –39.

[45] James O. , Svein B. A meta-analysis of DEA and SFA studies of the technical efficiency of seaports: A comparison of fixed and random effects regression models [J]. *Transportation Research Part A: Policy and Practice*, 2012 (46): 1574 –1585.

[46] Jiang Y. L. , Liao F. X. , Xu Q. , Yang Z. Z. Identification of technology spillover among airport alliance from the perspective of efficiency evaluation: The case of China [J]. *Transport*

Policy, 2019（80）: 49 – 58.

［47］Juan C. M. , Roman C. A benchmarking analysis of Spanish commercial airports, a comparison between SMOP and DEA ranking methods ［J］. *New Spat Econ*, 2006（6）: 111 – 134.

［48］Khadem S. M. , John P. , khadem S. M. Evaluating efficiency of passenger railway stations: A DEA approach ［J］. *Research in Transportation Business & Management*, 2016（20）: 33 – 38.

［49］Kong C. , Chow W. , Ka M. , Fung Y. Estimating indices of airport productivity in Greater China ［J］. *Journal of Air Transport Management*, 2012（24）: 12 – 17.

［50］Lin L. C. , Hong C. H. Operational performance evaluation of international major airports: An application of data envelopment analysis ［J］. *Journal of Air Transport Management*, 2006, 12（6）: 342 – 351.

［51］Liu S. T. A fuzzy DEA/AR approach to the selection of flexible manufacturing systems ［J］. *Computers & Industrial Engineering*, 2008（54）: 66 – 76.

［52］Lopez F. J. , Regalado C. J. , Magin C. An approximation to technical efficiency in Spanish toll roads through a DEA approach ［J］. *Transportation Research Procedia*, 2018（33）: 386 – 393.

［53］Lozano S. , Gutierrez E. , Moreno P. Network DEA approach to airports performance assessment considering undesirable outputs [J]. *Applied Mathematical Modeling*, 2012, 37 (4): 1665 – 1676.

[54] Lozano S., Gutierrez E. Slack-based measure of efficiency of airports with airplanes delays as undesirable outputs [J]. *Computers & Operations Research*, 2011, 38 (1): 131 – 139.

[55] Martini G., Manello A., Scottim D. The influence of fleet mix, ownership and LCCs on airports' technical/environmental efficiency [J]. *Transportation Research Part E: Logistics and Transportation Review*, 2013 (50): 37 – 52.

[56] Pathomsiri S., Haghani A., Dresner M., Windle R. J. Impact of undesirable outputs on the productivity of US airports [J]. *Transportation Research Part E: Logistics and Transportation Review*, 2008, 44 (2): 235 – 259.

[57] Pineda P. J. G., Liou J. J. H., Hsu C. C., Chuang Y. C. An integrated MCDM model for improving airline operational and financial performance [J]. *Journal of Air Transport Management*, 2018 (68): 103 – 117.

[58] Rosic M. R., Pesic D., Kukic D., Antic B., Bozovic M. Method for selection of optimal road safety composite index with examples from DEA and TOPSIS method [J]. *Accident Analysis & Prevention*, 2017 (98): 277 – 286.

[59] Samet G. Investigating infrastructure, superstructure, operating and financial efficiency in the management of Turkish sea-

ports using data envelopment analysis [J]. *Transport Policy*, 2015 (40): 36 – 48.

[60] See K. F. , Li F. Total factor productivity analysis of the UK airport industry: A Hicks-Moorsteen index method [J]. *Journal of Air Transport Management*, 2015 (43): 1 – 10.

[61] Somchai P. , Ali H. , Martin D. , Robert J. W. Impact of undesirable outputs on the productivity of US airports [J]. *Transportation Research Part E*, 2008 (44): 235 – 259.

[62] Song M. , Zhang G. , Zeng W. X. , Liu J. H. , Fang K. N. Railway transportation and environmental efficiency in China [J]. *Transportation Research Part D: Transport and Environment*, 2016 (48): 488 – 498.

[63] Storto C. L. Ownership structure and the technical, cost, and revenue efficiency of Italian airports [J]. *Utilities Policy*, 2018 (50): 175 – 193.

[64] Takamura Y. , Tone K. A. , Comparative site evaluation study for relocating Japanese government agencies out of Tokyo [J]. *Socio-Economic Planning Sciences*, 2003, 37 (2): 85 – 102.

[65] Thompson R. G. , Langemeier L. N. , Lee C. T. , Lee E. , Thrall R. M. The role of multiplier bounds in efficiency analysis with application to Kansas farming [J]. *Journal of Econometrics*, 1990 (46): 93 – 108.

[66] Toshiya J. , Akihiro N. Causes of inefficiency in Japanese railways: Application of DEA for managers and policymakers

[J]. *Socio-Economic Planning Sciences*, 2010 (44): 161 –173.

[67] Tsekeris T. Greek airports: Efficiency measurement and analysis of determinants [J]. *Journal of Air Transport Management*, 2011, 17 (2): 140 –142.

[68] Viedma E. H., Herrera F., Chiclana F., Luque M. Some issue on consistency of fuzzy preference relations [J]. *European Journal of Operational Research*, 2004 (154): 98 –109.

[69] Wang K., Yu S. W., Zhang W. China's regional energy and environmental efficiency: A DEA window analysis based dynamic evolution [J]. *Mathematical and Computer Modeling*, 2011, 58 (5 –6): 1117 –1127.

[70] Wang T. C., Chen Y. H. Applying consistent fuzzy preference relations to partnership selection [J]. *Omega*, 2007 (35): 384 –388.

[71] Wang Y. M., Chin K. S., Poon G. K. K. A data envelopment analysis method with assurance region for weight generation in the analytic hierarchy process [J]. *Decision Support System*, 2008a (45): 903 –921.

[72] Wang Y. M., Liu J., Elhag T. M. S. An integrated AHP-DEA methodology for bridge risk assessment [J]. *Computers & Industrial Engineering*, 2008b, 54 (3): 513 –525.

[73] Wanke P. F. Capacity shortfall and efficiency determinants in Brazilian airports: Evidence from bootstrapped DEA estimates [J]. *Socio-Economic Planning Sciences*, 2012a, 46 (3):

216 – 229.

[74] Wanke P. F, Barros C. P. , Nwaogbe O. R. Assessing productive efficiency in Nigerian airports using Fuzzy-DEA [J]. *Transport Policy*, 2016 (49): 9 – 19.

[75] Wanke P. F. , Barros C. P. Public-private partnerships and scale efficiency in Brazilian ports: Evidence from two-stage DEA analysis [J]. *Socio-Economic Planning Sciences*, 2015 (51): 13 – 22.

[76] Wanke P. F. Efficiency of Brazil's airports: Evidences from bootstrapped DEA and FDH estimates [J]. *Journal of Air Transport Management*, 2012b (23): 47 – 53.

[77] Wanke P. F. Physical infrastructure and shipment consolidation efficiency drivers in Brazilian ports: A two-stage network-DEA approach [J]. *Transport Policy*, 2013 (29): 145 – 153.

[78] Wu J. , Yin P. Z. , Sun J. S. , Chu J. F. , Liang L. Evaluating the environmental efficiency of a two-stage system with undesired outputs by a DEA approach: An interest preference perspective [J]. *European Journal of Operational Research*, 2016 (254): 1047 – 1062.

[79] Yu M. M. Assessment of airport performance using the SBM-NDEA model [J]. *Omega*, 2010, 38 (6): 440 – 452.

[80] Yu P. , Lee H. A hybrid approach using two-level SOM and combined AFP rating and AHP/DEA-AR method for selecting optimal promising emerging technology [J]. *Expert Systems with*

Applications, 2013 (40): 300 – 314.

[81] Zhang X. P., Cheng X. M., Yuan J. H., Gao X. J. Total-factor energy efficiency in developing countries [J]. *Energy Policy*, 2010, 39 (2): 644 – 650.

[82] Zhang Y. H., Zhang A., Zhu Z. R., Wang K. Connectivity at Chinese airports: The evolution and drivers [J]. *Transportation Research Part A: Policy and Practice*, 2017 (103): 490 – 508.

[83] Zhang Y. M. Network structure and capacity requirement: The case of China [J]. *Transportation Research Part E: Logistics and Transportation Review*, 2010, 46 (2): 189 – 197.

[84] Zhou P., Ang B. W., Wang H., Energy and CO_2 emission performance in electricity generation: A non-radial directional distance function approach [J]. *European Journal of Operational Research*, 2012 (221): 625 – 635.

[85] Zhou Z. B., Zhao L. T., Lui S. Y., Ma C. Q. A generalized fuzzy DEA/AR performance assessment model [J]. *Mathematical and Computer Modeling*, 2012 (55): 2117 – 2128.